Ernst Wagner

Hügelgräber und Urnenfriedhöfe in Baden mit besonderer Berücksichtigung ihrer Tongefässe

Ernst Wagner

Hügelgräber und Urnenfriedhöfe in Baden mit besonderer Berücksichtigung ihrer Tongefässe

ISBN/EAN: 9783743326729

Hergestellt in Europa, USA, Kanada, Australien, Japan

Manufactured and distributed by brebook publishing software
(www.brebook.com)

Ernst Wagner

Hügelgräber und Urnenfriedhöfe in Baden mit besonderer Berücksichtigung ihrer Tongefässe

Hügelgräber und Urnen-Friedhöfe

in

Baden

mit

besonderer Berücksichtigung ihrer Thongefässe

von

Dr. E. Wagner,
Grossh. Bad. Conservator der Alterthümer.

Zur Begrüssung des XVI. Congresses der Deutschen Anthropologischen Gesellschaft
in Karlsruhe.

Karlsruhe.
Druck und Verlag der G. Braun'schen Hofbuchhandlung.
1885.

Inhalt

Einleitung.

Es ist schon seit geraumer Zeit bekannt, dass sich auf badischem Boden in nicht unbeträchtlicher Zahl zerstreut jene grösseren und kleineren Erdhügel finden, welche in ihrem Inneren vorgeschichtliche Leichenbestattungen bergen. Fragebogen, welche im Frühjahr 1881 seitens des Grossh. Conservators der Alterthümer, im Ganzen nach dem Muster der früher von dem Königl. Württembergischen statistisch-topographischen Büreau verfassten, zusammengestellt und im Lande verbreitet wurden, ergaben das Vorhandensein von über 600 solchen Hügelgräbern, bald einzeln stehend, bald in grösseren oder kleineren unregelmässigen Gruppen vereinigt. Ihre Vertheilung auf dem Boden des Grossherzogthums wird ersichtlich aus der auf Grund jener Fragebogen-Resultate 1883 erstmals entworfenen archäologischen Uebersichtskarte von Baden[1]. Sie finden sich zahlreich in der Bodenseegegend bis gegen den Schwarzwald, in der Umgebung des Kaiserstuhls und im Neckarhügelland mit Ausläufern in die Rheinebene, wogegen sie merkwürdiger Weise in dem mittleren Theil der letzteren, da deren sumpfiger Charakter in vorgeschichtlicher Zeit ihre Bewohnbarkeit beeinträchtigte, bisher nur spärlich gefunden wurden und im Schwarzwalde aus begreiflichen Gründen ganz zu fehlen scheinen.

Ebenso bekannt ist, dass die Hügelgräber in den Formen, in welchen sie in Baden erscheinen, weit über dessen Grenzen hinaus verbreitet sind. Sie ziehen sich in einem Zirkel nördlich der Alpen von Oesterreich über Bayern nach Südwest-Deutschland, der Schweiz und über die französische Grenze hinaus, und sind in ihren Eigenthümlichkeiten und nach den ihnen entnommenen Fundstücken in vielfachen Publicationen, für unsere nächste Nachbarschaft hauptsächlich in Lindenschmit's Werk über „die vaterländischen Alterthümer der Fürstl. Hohenzollern'schen Sammlungen zu Sigmaringen (Mainz, 1860) und in Ferdinand Keller's Berichten in den Mittheilungen der Antiquarischen Gesellschaft in Zürich (III. Bd. 1847), in den Beiträgen zur Anthropologie und Urgeschichte Bayerns von Ranke und Rüdinger, neuestens in dem Bericht von Julius Naue über die Hügelgräber mit dem Fürstengrabe bei Pullach (München) etc. des Näheren beschrieben. Auf badischem Gebiete hat die Grabhügel-Forschung mit den Nachbarn bis jetzt nicht ganz gleichen Schritt gehalten. Allerdings besitzen wir für das Neckarhügelland die durch Sorgfalt, Zuverlässigkeit und meist zutreffende Deutung ausgezeichneten und wissenschaftlich viel benützten Untersuchungen des Decans Wilhelmi in Sinsheim, deren Ergebnisse theils in den Jahresberichten der Sinsheimer Gesellschaft zur Erforschung der vaterländischen Denkmale der Vorzeit 1831—56, theils in zwei besonderen Schriften, „die Beschreibung der 14 alten deutschen Todtenhügel bei Sinsheim, von K. Wilhelmi", Heidelberg 1830, und „die Beschreibung der alten deutschen Todtenhügel bei Wiesenthal, von K. Wilhelmi", Sinsheim 1838, niedergelegt

[1]) Archäologische Uebersichtskarte von Baden, bearb. v. d. Grossh. Conservator der Alterthümer, Dr. E. Wagner, Karlsruhe 1883. Chr. Fr. Müller'sche Hofbuchhandlung. Pr. 4 Mk.

sind. Sein Beispiel fand indessen wenig Nachahmung; es wurden wohl einzelne Ausgrabungen an verschiedenen Orten veranstaltet und zerstreut in Zeitschriften oder besonderen Aufsätzen besprochen, so von Dr. Heinrich Schreiber in der Umgegend des Kaiserstuhls (s. dessen Taschenbuch für Geschichte und Alterthum in Süddeutschland 1839—46) u. A.; aber im Ganzen fand das gesammelte Material kaum wissenschaftliche Verwerthung, einige werthvolle Fundberichte blieben auch wohl unbenützt in den Acten liegen und interessante Fundstücke ruhen fast unbemerkt in den Sammlungen des Landes zu Karlsruhe, Mannheim, Donaueschingen, Freiburg und Konstanz.[1])

Ein solcher Stand der Dinge erschien gerade auf dem Gebiete der Erforschung der Hügelgräber besonders beklagenswerth. Soviel auch noch auf anderen Feldern urgeschichtlicher Untersuchung im Lande bedeutsames gefunden werden mag, so scheinen doch die wichtigsten Formen der Funde aus der sogenannten Steinzeit, aus den Pfahlbauten, aus römischen Niederlassungen und aus den Gräbern des alemannisch-fränkischen Typus verhältnissmässig festgestellt und gesichert. Die Grabhügel dagegen, deren Errichtung für sich schon durch mehrere aufeinander folgende Perioden hindurch verfolgt werden kann, berühren sich am Ende derselben mit den ersten Grundlagen eigentlich historischer Kenntniss, welche die Denkmale römischen Einflusses im Lande zur Verfügung stellen, sie liefern Material zur Beurtheilung, theils des eigenen Bildungsstandes der Stämme, welche sie über ihren Todten aufgeworfen, theils durch das Fremde, was sie bergen, der Handelsbeziehungen der letzteren zu den Trägern anderer, besonders der italischen Cultur, und tragen so wesentlich bei zur Lösung der schwierigen und verwickelten Fragen über Nationalität und Charakter der Bewohner des Landes zu der Zeit, wo sie zum ersten Male vom Lichte der Geschichte betroffen werden. Dabei zeigen sie bei aller Aehnlichkeit der Anlage oder der Funde doch grosse Verschiedenheit und Mannigfaltigkeit, und fast jeder Hügel überrascht durch neue Gegenstände oder Formen, die er birgt. So schien die Lücke, auf welche die süddeutsche Grabhügel-Forschung noch auf dem urgeschichtlich so wichtigen badischen Gebiete stösst, nicht unausgefüllt bleiben zu dürfen, und es war dankbar zu begrüssen, dass im letzten Jahrzehnt öffentliche Mittel zur Verfügung gestellt werden konnten, um die Hebung jener verborgenen Schätze unseres Bodens nachdrücklicher in Angriff zu nehmen und in denselben möglichst zuverlässiges Material für eingehendere Studien zu gewinnen.

Es sind in der genannten Zeit an verschiedenen charakteristischen Punkten des Landes Ausgrabungen vorgenommen worden; freilich im Ganzen nicht sehr viele und noch lange nicht genug, um darauf sichere allgemeine Schlüsse zu bauen, im Allgemeinen auch nicht an Orten, wo besonders grossartige Resultate zu erwarten waren; aber es ist doch schon soviel Bedeutsames und Beachtenswerthes zu Tage getreten, dass ein erster Rechenschaftsbericht, der, an Wilhelmi's Schilderungen sich anschliessend, im Folgenden gegeben werden soll, sich lohnt. Derselbe wird mit thunlicher Genauigkeit die einzelnen Fundberichte aneinanderreihen, besonders Bemerkenswerthes am betreffenden Orte hervorhebend, Zusammenfassendes am Schluss anfügend. Unter den Fundstücken schien der nicht unbedeutende Vorrath an Thongefässen besondere Beachtung zu verdienen. „Keinem Theil der Gräberfunde," sagt Lindenschmit[2]), „wurde im Allgemeinen bis jetzt eine so unbedachtsame und nachlässige Behandlung zugewendet, als jenen, auf den ersten Anblick freilich oft so unscheinbaren Urnen, Schalen und Näpfen, welche, von der Last des aufgewälzten Hügels zerdrückt, nur selten in ihrer früheren Form erkennbar zu Tage kommen. Ihre Wichtigkeit ist aber unbestreitbar eine bedeutende, da sie ein viel sichereres Zeugniss der altheimischen Culturentwicklung gewähren, als die meisten Metallarbeiten, welche in vielen Beziehungen wohlbegründete Bedenken und Mahnungen an ausländischen Ursprung rege machen." Ihrer mit thunlichster Ge-

[1]) S. d. Abh. von Prof. Bissinger über die vorrömische Metallzeit in Baden in dem Werk „das Grossherzogthum Baden; Karlsruhe. J. Bielefeld's Verlag 1885." I. p. 144 ff; dort auch die wünschenswerthen statistischen Notizen.

[2]) Die vaterländischen Alterthümer der Fürstl. Hohenzollern'schen Sammlungen zu Sigmaringen, pag. 147.

nauigkeit ausgeführten bildlichen Darstellung[1]) ist darum auch auf den Tafeln der grössere Raum gewidmet.

Neben den Grabhügeln hat sich indessen in den letzten Jahren auch die andere in Süddeutschland seltenere, oder bis jetzt seltener entdeckte oder beachtete alte Begräbnissform der Urnenfriedhöfe auf badischem Boden gefunden. Da die in denselben niedergelegten Formen charakteristische Eigenthümlichkeiten zeigen, so schien es angezeigt, auch sie in den Kreis der Betrachtung hereinzuziehen.

Die Schilderung der einzelnen Ausgrabungen hält am einfachsten die geographische Ordnung, von Süden nach Norden des Landes gehend, ein; es wird sich zeigen, dass sie auch in Beziehung auf Verschiedenheiten im Charakter der Gräber einigermassen zutreffend ist. Unsere nördlichen Gegenden wurden in neuerer Zeit verhältnissmässig am wenigsten untersucht; hier füllen die Arbeiten von Wilhelmi vorläufig die Lücke aus.

Wir beginnen an den Ufern des Bodensees mit den Grabhügeln von

Salem (Salmansweiler), Amts Ueberlingen.

Salem (Salmannsweiler), früher Cisterzienserabtei, 2 Stunden landeinwärts vom Nordufer des Ueberlinger Bodenseearms, im Aachthal, ist jetzt im Besitz der Markgrafen von Baden. 2 km östlich vom Schlosse, im Hardtwalde, befindet sich, von der Strasse nach Deggenhausen durchschnitten, eine Gruppe von 10 Grabhügeln von 16—22 m Dm. und 1—2 m H. (ein grösster von 30 m Dm. mit ca. 4 m H.).[2])

Der verewigte Markgraf Wilhelm von Baden hat ihnen erstmals Aufmerksamkeit zugewandt. In unseren Acten findet sich der nachfolgende Brief desselben an Decan Wilhelmi in Sinsheim, datirt Karlsruhe, 20. Juli 1834:

„Euer Hochwürden

„übersende ich in der Anlage einige Zeichnungen nebst einer Beschreibung derjenigen Alterthümer, welche ich während meiner Anwesenheit dieses Jahr im Monat Mai in Salem bei Eröffnung der dort im sog. Hardtwald befindlichen altdeutschen Grabhügel vorgefunden habe. Die Ausgrabungen sind von dem dortigen Forstinspector Bleibimhaus und Hofapotheker Bauer beaufsichtigt worden, und Letzterer hat sich im Zusammensetzen der zerbrochenen Gefässe viele Mühe gegeben; er wird auch in seinen freien Stunden dieses Geschäft fortsetzen und hofft aus dem reichen Vorrath von Scherben noch manches interessante Gefäss construiren zu können. Ich habe die Eröffnung der Gräber soviel wie möglich nach der Angabe Ihres letzten Jahresberichts[3]) durch Durchschnitte angeordnet und bin immer zugegen gewesen, damit bei Aushebung der sich zeigenden Gegenstände die gehörige Vorsicht beobachtet wurde, bei welcher Gelegenheit ich ein altes Schwert mit Spuren einer Scheide selbst entdeckte, was mir viel Vergnügen machte. Sämmtliche aufgefundene Alterthümer sind in Salem geordnet und vorsichtig aufbewahrt.

[1]) Sämmtliche Stücke sind der Genauigkeit wegen mit dem Prisma aufgenommen, auf Tafel V und VI von den Originalen photographirt. Ihre Ausführung verdanken die Zeichnungen der zur Förderung unserer Bestrebungen stets aufopfernd bereiten Meisterhand des Freiherrn Otto von Türckheim in Karlsruhe.

[2]) Sämmtliche in Baden beobachtete Grabhügel sind rund, in der Form mehr oder weniger abgeflachter Kugelsegmente. Gewöhnlich haben sie 15—30 m Dm. bei 1—2 m H., waren aber ursprünglich höher und entsprechend weniger ausgedehnt. Regen und Wind, der Pflug oder Waldcultur haben zu ihrer Abflachung beigetragen. Wo günstige Umstände walteten, ist die ursprüngliche Anlage und Höhe mehr oder weniger erhalten geblieben. Manchmal sind die genannten mittleren Dimensionen bedeutend überschritten.

[3]) Sinsheimer Jahresberichte IV, p. 9 und V, p. 14 Anm. 34.

Bei einem ferneren Aufenthalte in Salem gedenke ich diese Nachgrabungen fortzusetzen und freue mich, dann der Gesellschaft weitere Nachricht darüber liefern zu können. Indem ich Sie ersuche, diesen ersten Versuch als einen Beweis des warmen Antheils, den ich an den Unternehmungen der Sinsheimer Alterthumsgesellschaft nehme, zu betrachten, erneuere ich die Versicherung meiner besonderen Werthschätzung, womit ich stets bin

Euer Hochwürden

ergebener

Wilhelm, Markgraf von Baden."

Dem diesem Briefe[1]) beigegebenen, gleichfalls in unseren Acten befindlichen Berichte des Forstinspectors Bleibimhaus vom 12. Juni 1833 entnehmen wir die folgenden Angaben:

Die Hügel bestehen, wie der dortige Waldboden, aus röthlich gelbem Sande und finden sich von Nord nach Süd in 3 unregelmässigen, wenig von einander entfernten Gruppen zerstreut.

„Auf höchsten Befehl des Herrn Markgrafen Wilhelm wurde im Jahre 1830 die schon früher begonnene Eröffnung der vier Hügel der mittleren Gruppe fortgesetzt. Man begnügte sich aber aus Schonung für den vorhandenen schönen Waldbestand damit, von dem Gipfel der Hügel hinab eine senkrechte, 2—3 m weite, bis auf den Grund reichende Grube zu machen, und so blieb dann ein grosser Theil der Hügelmasse ununtersucht. Dessen ungeachtet wurden viele, jedoch ganz zerstreut liegende Theile von Gefässen aufgefunden, die aus schwärzlicher ungebrannter Erde bestehen, auf der Aussenseite schwarzgrau, gelblich und röthlich gefärbt und mitunter sehr leicht zerbrechlich sind. Ausser diesen zeigten sich mehrere von Rost ganz durchdrungene zerbrochene Stücke Eisen, welche bei verschiedener, 30 cm nicht übersteigender Länge ca. 21 mm breit und 9 mm dick sind und an denen man noch die Stellen bemerkt, auf welchen sie mittelst Nägeln an einen länglich runden hölzernen Körper, von dem sich auch noch Spuren zeigten, befestigt waren." Von den noch erhaltenen Gefässscherben wird weiter unten zu reden sein; die Stücke Eisen sind leider seither durch Rost zu Grunde gegangen, und so ist über den letztgenannten Gegenstand (ein Schild?) keine weitere Aufklärung möglich.

„Im Jahr 1832 wurde auf weiteren höchsten Befehl in 3 Hügeln der nördlichen Gruppe mit den Nachgrabungen fortgefahren, bei dreien auf die oben angegebene Weise, bei dem vierten mit einem breiten Durchschnitt durch den Hügel. In dem südöstlichen der erstgenannten fanden sich in der Mitte 1 m über der Grundfläche viele Stücke von irdenen Gefässen oben beschriebener Art; im südwestlichen zeigten sich in der Mitte 1,50 m über der Grundfläche einige sehr dünne Plättchen von Bronze, welche wegen ihrer Zerbrechlichkeit nicht bewahrt werden konnten. Auf einzelnen derselben bemerkte man mit vielem Fleiss eingravirte Parallellinien und Reihen kleiner concentrischer Kreise (vielleicht Reste eines Gürtelblechs?). Der mittlere Hügel gab gar keine Ausbeute." (Wohl wegen der ungenügenden Grabungsmethode.)

„Am ergiebigsten zeigte sich der vierte nordöstliche, durch welchen von Süd nach Nord ein 2—2,50 m breiter, bis auf die Grundfläche reichender Durchschnitt gemacht wurde. Ausser mehreren in verschiedener Höhe vorgefundenen grösseren oder kleineren Massen von Asche, in welcher noch Kohlen und kleine Knochenstücke (von Thieren oder Menschen?) zu entdecken waren, fand man in der Mitte 1,20 m über der Basis zwei grosse, hohle, mit einer unkenntlichen, weisslichen, leichten Masse angefüllte, ineinanderliegende Halsringe von Bronze (Taf. I, 1 u. 2), der eine mit 17,5 cm, der andere mit 13,5 cm innerem Dm., beide 1,6 cm dick, offen, an den Enden jeder mit verschiedenem Strich- und Kreisornament verziert, so federnd, dass je ein Ende ca. 1 cm in das andere schliessend hineinragte, ferner etwas nordwestlich davon 1,50 m über der Grundfläche ein rechteckiges, nicht verziertes Stück Bronzeblech, 20,3 cm lang, 8,5 cm breit,

[1]) S. auch Sinsheimer Jahresberichte IV, p. 3 ff.

das mit einem Hacken an der Schmalseite sich als **Gürtelblech** auswies (Taf. I, 3). An der entgegengesetzten Schmalseite desselben waren in 2 Reihen 5 kleine Bronzenägel (einer fehlte); die 3 hinteren hielten noch sehr kenntliche Stücke von Leder fest, auf oder an welches das Blech befestigt gewesen sein musste. Daneben befanden sich mehrere **Knochenstücke** (also ohne Zweifel Bestattung, nicht Leichenbrand). Südwestlich von den Halsringen, 90 cm über der Basis lagen die **Scherben von drei zerdrückten Thongefässen**, einer **grossen farbig verzierten, birnförmigen Urne** von 28,5 cm H. (Taf. I, 10) und **zweier kleinerer, halbkugeliger grauer Schalen** von 11,5 und 12 cm Weite (Taf. I, 12, 13), welche wieder zusammengesetzt werden konnten."

„Wenig südlich von diesen Gefässen kam nahe über der Grundfläche ein 75 cm langes und sammt der Scheide 6 cm breites **eisernes Schwert** zu Tag. Klinge und Scheide, welche letztere aus Holz bestand und mit einem gewobenen Zeuge überzogen war, waren so von Rost durchdrungen, dass der Handgriff beim Herausnehmen abfiel und das Ganze überhaupt sich ziemlich zerbrechlich zeigte." In der That sind auch, was in hohem Grade zu bedauern, diese Reste nicht mehr vorhanden gewesen. Um so besser hatte sich ein **kleiner massiver Armring** von Bronze mit ovalem Querschnitt erhalten, welcher südlich von der Mitte 1,20 m über der Grundfläche ausgegraben wurde.

Der Huld I. Gr. H.H. des Prinzen Wilhelm und des verewigten Markgrafen Maximilian von Baden war es zu verdanken, dass die beschriebenen Funde aus sämmtlichen bis dahin untersuchten Hügeln 1877 an die Grossh. Alterthümersammlung übergehen durften. Leider mussten sämmtliche Eisenreste, welche durch Rost zu sehr gelitten hatten, verloren gegeben werden. Von Bronze fanden sich noch Stücke von 2 **einfachen massiven Bogenfibeln** ohne Verzierung (die eine Taf. I, 4); dafür konnten aus den Thonscherben mehrere, den verschiedenen Bestattungen angehörige stattliche **Gefässe** zusammengefügt werden.[1])

Dieselben gehören mit den schon oben genannten drei Exemplaren zum grösseren Theil zu jenen eigenartig farbig verzierten Formen, von welchen bei Lindenschmit, Hohenzollern'sche Sammlungen von Sigmaringen p. 142 ff., und an anderen Orten charakteristische Beispiele gegeben sind. Im Ganzen lassen sich **drei typische Hauptgestalten** unterscheiden:

Die erste ist die von schmalem, rundem Boden in schön geschwungenem Profil aufsteigende, in der oberen Hälfte stark ausgebauchte und mit erhöhtem, nach aussen geschweiftem Rande versehene **Urne**, welche die **birnförmige** genannt werden mag (Taf. I, 5—8, 10, 17, 18);

die zweite die einer weiten, ziemlich flachen, runden **Schüssel** mit schmalem, einwärts gebogenem Fuss (Taf. I, 9, 11, 19);

die dritte die eines meist kleineren, fast halbkugelförmigen **Napfes** mit schmalem, wenig ausgeprägtem Fuss, an die Form orientalischer Trinkbecher erinnernd (Taf. I, 12, 13, 16).

Die **Verzierungen** bestehen, wie sich im Einzelnen genauer ergeben wird, theils aus kräftig eingegrabenen geraden Linien, welche Bänder, Rauten oder Dreiecke bilden, theils aus breiten, sorgsam anscheinend mit dem Finger eingedrückten Cannellirungen (I, 6, 7, 15), theils aus Reihen von stark eingedrückten kleinen Dreiecken oder Vierecken (I, 8, 10a., 11), theils aus Linienzügen, welche tremolirstichartig aus kleinen Strichen zusammengesetzt sind (I, 11); in den meisten Fällen sind **Farben**, verschiedene Nüancen eines erdigen Roth, von gelbroth bis blauroth, schwarz und weiss verwendet.

[1]) Gefässscherben, welche zusammengefügt werden sollen, müssen, nachdem sie den Grabhügeln entnommen sind, erst ungereinigt vollständig ausgetrocknet werden. Darauf werden sie mit Wasser vorsichtig, da die Farben nicht immer haltbar sind, gewaschen, an den Rändern, die besonders rein sein müssen, mit einem feinen Bürstchen. Nun beginnt die mühsame, viele Geduld in Anspruch nehmende Zusammensetzung kleinerer Stücke zu grösseren und der am besten mit dem Boden oder Fuss beginnende Aufbau des ganzen Gefässes. Als Bindemittel benützt man am einfachsten feinen Leim. Fehlende Stücke können, sobald nur die Profillinie gesichert ist, aus Gyps ergänzt werden, den man passend in dem Grundton des Ganzen mit Oelfarbe bemalt, so dass die künstliche Zuthat sichtbar und doch der Eindruck des Ganzen harmonisch bleibt.

Von der ersten, der birnförmigen Gattung ist das bereits angeführte Exemplar (Taf. I, 10) besonders gut erhalten (bei Lindenschmit a. a. O. p. 143 nicht ganz richtig abgebildet und als schwarz, statt roth, bezeichnet). Es hat bei einer Höhe von 28,5 cm am oberen Rand 23 cm, in der grössten Ausbauchung 36 cm Dm. Der Boden ist bei nur 10 cm Dm. flach, kreisrund; die Wandungen sind 5—6 mm dick, von nicht allzu fein geschlemmtem braunem Thon wenig hart gebrannt, aussen mit einer feineren, gleichmässig 0,7 mm dicken, rothgelben gebrannten Thonschicht verstrichen. Der schief nach innen aufgerichtete Hals mit dem wieder nach aussen gewendeten, mit kleinen eingedrückten Strichverzierungen versehenen Rand ist mit Graphit matt glänzend geschwärzt. Um den mittleren ausgebauchten Theil zieht sich eine breite Verzierung von mit stark eingekerbten geraden Linien und bläulich rothen und schwarzen breiteren Bändern eingefassten Rauten, welche mit Streifen von tief eingedrückten kleinen Dreiecken in einer Zigzaglinien bildenden Anordnung (10a.) ausgefüllt sind.[1] Abwechselnd sind die Mitten dieser Rauten wieder durch kleinere Vierecke mit innen sitzendem viereckigem Kern belebt. Nach unten führen ähnliche Bänder in stumpfen Winkeln zu dem leer gelassenen Fusse über; nach oben gegen den Rand sind die dreieckigen Stücke wieder mit kleinen, eingedrückten Dreiecken verziert. Ob, wie angenommen werden darf, die letzteren, sowie die eingekerbten geraden Linien ursprünglich mit weisser Kreidemasse ausgefüllt waren, ist, wenn auch wahrscheinlich, doch nicht mehr sicher wahrzunehmen. In der Linienführung herrscht wenig Präcision; dennoch macht das Ganze mit den in ihrer Gedämpftheit gefällig zusammenstimmenden Farben und der einheitlichen Strenge des Ornaments und der Grundform einen zwar aparten, aber anziehenden, stilistisch befriedigenden Eindruck.

Ebenfalls von braun gebranntem Thon mit 5—6 mm dicker Wandung, aber auf der ganzen Aussenfläche mit einer fast 1 mm dicken, sehr gleichmässigen, feineren, leuchtend rothen Schichte bedeckt ist das Gefäss Taf. I, 5, fast von denselben Dimensionen, aber schlanker; H. 28 cm, Dm. am Rand 18 cm; etwas kleiner die nur noch in Bruchstücken vorhandene, besonders ansprechende Form Taf. I, 6, mit theilweise cannellirter Verzierung, dunkel blauroth, mit abwechselnd schwarzen und blaurothen Streifen, nach unten in das ursprüngliche Rothgelb des Thons übergehend. Ungefähr von derselben Grösse wie No. 10 und mit ähnlicher Verzierung, aber heller roth, ist das gleichfalls nur in Fragmenten vorhandene Gefäss Taf. I, 8. Die innerhalb der Rauten reihenweise eingedrückten Löcher sind hier quadratisch und enthalten noch deutliche Reste der weissen Kreidemasse, mit welcher sie ursprünglich ausgefüllt gewesen sind.

Ganz in der natürlichen Farbe des Thons, aber wie die anderen mit einer feineren geglätteten oberen Schichte und ihnen ungefähr an Grösse gleich, ist das leider auch nicht mehr vollständige Gefäss Taf. I, 7. Die Verzierung besteht aus einer Art von Triglyphen, mit je 3 erhöhten Linienzügen und dazwischen liegenden Cannelluren, die Linien etwa 2 mm breit, mit rechteckigem Querschnitt. Schief verlaufende Cannelluren neben spitzig eingeritzten geraden Linien bilden das Ornament eines einzelnen Scherbenstücks Taf. I, 15, das ohne Zweifel einer ähnlichen Urne angehörte.

Die zweite Gattung, die der Schüsseln[2], ist charakteristisch vertreten durch die beiden Stücke Taf. I, 9 und 11, welche in der Ansicht von oben und im Querschnitt wiedergegeben sind. No. 9 mit 37,5 cm Dm. und 9,5 m H. ist auf der Innenseite dunkel blauroth, mit graphit-schwarzem Rand und ebenso aufgemalten Zierlinien, auf der Aussenseite nicht gefärbt; No. 10 zeigt die ursprüngliche braune Farbe des Thons, in der inneren Fläche vielleicht mit ähnlichen dunkleren Linien; den Rand ziert in fein tremolirstich-artig gereihten Strichelchen verlaufend ein Band-

[1] Eine andere reihenweise Anordnung der kleinen Dreiecke zeigt das Fragment Taf. I, 14, welches vereinzelt übrig geblieben, einer ähnlichen, aber nicht mit Farben verzierten Urne angehört zu haben scheint.

[2] Eine solche bei Lindenschmit, Hohenzollern'sche Sammlungen, p. 144, Fig. 81.

ornament, das aus den gewöhnlich vorkommenden Elementen, Rauten, Parallelen mit kreuzweise zwischengelegten Diagonalen und kleinen, concentrischen Kreisen (diese in Salem auf Thon bis jetzt nur hier, auf Bronze s. Taf. I, 2) besteht. Von den Rauten weicht die eine (rechts oben) in der Innenverzierung ab; die entsprechende (unten) ist im Original nicht mehr deutlich zu erkennen.

Von der dritten Art, welche uns noch häufiger begegnen wird, dem **halbkugelförmigen Napf**, konnten die beiden Exemplare Taf. I, 12[1]), mit 11,5 cm Dm., und I, 13 mit 12 cm Dm. und etwas grösserer Tiefe aus Bruchstücken zusammengefügt werden. Sie erscheinen in der ursprünglichen Thonfarbe, etwas roher, aber doch nicht ohne Sorgfalt gefertigt. Der Fuss fehlt entweder ganz (nur durch einen Eindruck nach innen angezeigt, No 13), oder ist klein (No. 12), etwas grösser Taf. I, 16.

Der Spätsommer 1878 brachte die erfreuliche Erlaubniss, von den Salemer Hügeln einen weiteren, einsam zwischen der mittleren und nördlichen Gruppe aufgerichteten von 22 m Dm. und 1,50 m H., der eben abgeholzt war, zu untersuchen. Bei dem Geschäfte wurden, wie auch in den weiter darzustellenden Fällen, die Methoden von Wilhelmi und von v. Cohausen beachtet. Man bestimmte auf dem Hügel ungefähr den Mittelpunkt und zog (durch Stäbe am Umkreis) zwei senkrechte Coordinatenaxen in der Richtung der Himmelsgegenden. Darauf wurde um den Mittelpunkt ein Ring von so grosser Ausdehnung, dass man annehmen konnte, er würde die Fundstätten sicher einschliessen, in unserem Falle von 5 m innerem Halbmesser und 2 m Breite, ausgesteckt und bis auf den gewachsenen Boden hinab ausgegraben, wobei man die Erde nach auswärts warf. Endlich wurde das mittlere kuchenförmige Stück von oben herab in der ganzen Fläche allmählig abgehoben und während der Arbeit auf dem entsprechenden Plane beständig alles beachtenswerthe eingezeichnet.

Die interessanten Fundstücke lagen, wie gewöhnlich, ziemlich in der **Tiefe des gewachsenen Bodens**, waren aber leider zum Theil stark zerstört, auch wohl durch Baumwurzeln aus der nicht immer mehr kenntlichen ursprünglichen Lage gebracht. Sie schienen **zwei getrennten Bestattungen** angehört zu haben. Bei der ersten stiess man etwa 3 m westlich von der Mitte zunächst auf eine nicht unbedeutende **unregelmässige Anhäufung von grösseren und kleineren unbehauenen Steinen**. Unter denselben, von ihnen zerdrückt, lag eine ansehnliche **Menge von Thonscherben**, aus welchen sich 8 **Gefässe** wieder herstellen liessen. Es waren **4 grössere Exemplare der birnförmigen Urnen**, das Gefäss Taf. I, 17, etwa 29 cm hoch, mit 33 cm grösster Weite und besonders gefälliger Verzierung von schwarz und blaurothen Bändern, welche hellrothe Dreiecke einschlossen, deren Flächen durch eingeritzte, mit weisser Kreidemasse ausgefüllte Reihen sich kreuzender Parallelen in kleine Rauten eingetheilt erschienen, ein weiteres Taf. I, 18, glatt, ganz blauroth, mit aufgemalten schwarzen Linien, Parallelen und kreuzweisen Diagonalen, 25 cm hoch und 28 cm weit, ein drittes, ähnlich I, 8, in Rautenmustern, mit wenig deutlicher Farbe (H. 28,5 cm), und das vierte ganz blauroth wie das zweite, mit Verzierung wie I, 7 (H. 25,5 cm); ferner die blaurothe **runde Schüssel** Taf. I, 19, mit 25 cm Dm. auf 8 cm H. und innen in der Mitte und am Rande farbig, mit abwechselnd rothen und schwarzen Streifen verziert, welche röthliche Dreiecke mit Reihen von eingedrückten und mit Kreidemasse ausgefüllten kleinen Vierecken (wie I, 8) einschlossen, endlich ein grösserer, Taf. I, 16 (22 cm Dm., 10 cm H.) und 2 kleinere **halbkugelige Näpfe** (wie Taf. I, 12 und 13) in der gelblichen Naturfarbe des Thons. Die Scherben von **zwei weiteren solchen kleinen Gefässen** fanden sich vereinsamt 3 m nordöstlich von der Mitte des Hügels. Unmittelbar westlich von der Steinsetzung, aber nicht mehr unter ihr, zeigten sich (wie auch nördlich vom Mittelpunkte) etwas **Kohle**, gemischt von Buchen- und Tannenholz, und dabei sehr kleine **calcinirte Knochenstückchen**, welche den Gedanken an eine Leichenverbrennung hätten nahe legen können; dicht dabei lag ein Bruchstück eines

[1]) Hier im senkr. Durchschnitt; in ganzer Darstellung s. Taf. II, 13. Taf. III, 12, 13. Aehnlich bei Lindenschmit, Hohenzollern'sche Sammlungen pag. 148. Fig. 81.

12 mm dicken hohlen grösseren (Hals-?)Rings und ein kleiner, massiver, offener Armring, beide von Bronze, ferner mehr gegen den Mittelpunkt hin noch unter den Steinen, der schöne, noch gut erhaltene, 35,4 cm lange Eisendolch Taf. VI, 17, in eiserner, an der Spitze nach 2 Seiten in Bogen auslaufender Scheide, mit silbertauschirten Einlagen in dem nach oben in eine Querstange mit drei aufgesetzten, ebenso verzierten Knöpfen auslaufenden Griffe.[1] Endlich kam wenig nördlich von den Steinen noch das grosse, 35 cm Dm. haltende Randstück eines runden Kessels von Bronzeblech, Taf. III, 21, zum Vorschein, dessen Boden noch in kleinen Fragmenten erhalten war. Löcher am Rande zeigten die Stelle, an welcher die Griffe angesetzt hatten.

Die zweite Bestattung, sofern wirklich eine solche anzunehmen war, lag 3 m südlich vom Mittelpunkt und machte sich zunächst kenntlich durch eine kleinere Anhäufung von Steinen, welche die eingelegten Reste mehr auf einer Seite (gegen Südwest) begrenzt, als sie bedeckt zu haben schien. An ihrem nordöstlichen Rande war ein 6 cm langes, von Berührung mit Bronze grün gewordenes Stückchen eines Unterarmknochens das einzige Ueberbleibsel einer menschlichen Leiche, welche unverbrannt mit dem Kopfende gegen Südost gelegen haben mochte. Von Beigaben fanden sich in der Nähe, ohne volle Klarheit über die ursprüngliche Lage, zwei 8 mm dicke, hohle Bronzearmringe mit der häufig sich findenden Wulstverzierung an dem durch Ineinanderschieben der Enden bewerkstelligten Verschluss Taf. I, 23, zwei Fragmente eines weiteren zierlichen, hohlen Bronzearmringchens mit ovalem Querschnitt und nur 2 mm Dicke Taf. I, 22 (Schloss mit Drahtringchen und Oese), ein massiver Fingerring und ein ebensolcher (Fuss-?)Ring von 9,2 cm Dm. und 5 mm Dicke, beide von Bronze, und die beiden Fragmente von Heftnadeln oder Fibeln von Bronze, die eine Taf. I, 20 in der einfacheren Form der von Dr. Tischler genannten Schlangenfibeln[2]), die andere Taf. I, 21, 4,1 cm lang, wahrscheinlich eine Bogenfibel, mit grosser Spirale und kurzer Nadel. Dazu kamen von Eisen zwei schmale, in ihrer ursprünglichen Form nicht mehr genügend kenntliche, 34 und 30 cm lange Speerspitzen mit Tüllen, Fragmente einer Messerklinge und drei kleine Ringe, von denen zwei gleiche mit 7,2 cm Dm. etwa einer Pferdetrense angehört haben könnten. Auf die Deutung einiger nebenliegender kleinen Fragmente von Bronzeblech und von Holz, auf welchem letztere vermuthlich befestigt gewesen waren, musste der Unkenntlichkeit derselben wegen verzichtet werden.

Ein bestimmtes Urtheil darüber, ob die beiden ziemlich getrennten Stellen in dem Hügel, welche Fundstücke bargen, wirklich die Reste von zwei Bestattungen enthielten, musste dahin gestellt bleiben, so bemerkenswerth es gewesen wäre, Verbrennung und Begräbniss in derselben Tiefe des Grabhügels constatirt zu sehen. Die calcinirten Knöchelchen könnten aber auch Thieren angehört haben und der auffallende Umstand, dass sämmtliche Thongefässe in einer Gruppe nur im nordwestlichen Theile unter den Steinen gefunden wurden, während die kleinere südliche Steinsetzung keinerlei Thonscherben enthielt, dürfte eher dafür sprechen, dass man es doch nur mit einer Bestattung, nicht auch noch mit einer Verbrennung, zu thun gehabt haben könnte. Je unsicherer dieses Resultat bleibt, desto wünschenswerther erscheint die Untersuchung der noch unberührten südlichen Gruppe der Grabhügel, von denen ein grösster die anderen imponirend überragt. Vielleicht bietet die dort in nicht allzu ferner Zeit zu erwartende Abholzung hiezu die willkommene Gelegenheit.

[1] Ein ähnlicher von Tübingen bei Lindenschmit, Alterthümer uns. heidn. Vorzeit III, IV, 2.

[2] S. die geschätzte Abhandlung von Dr. O. Tischler, über die Formen der Gewandnadeln (Fibeln) nach ihrer histor. Bedeutung, in den Beiträgen zur Anthropologie und Urgeschichte Bayerns v. Ranke und Rüdinger, Bd. IV. München 1881.

Gemeinmärker Hof, bei Allensbach.

In nächster Nähe des tiefen und fischreichen (Welse) Mindelsees, ungefähr eine Stunde vom Ufer des unteren Bodensees und etwa gleichweit von den Dörfern Allensbach und Markelfingen entfernt, befand sich (jetzt ganz abgegraben) auf einer Anhöhe, die insbesondere nach Westen eine weite Aussicht bis zu den Bergen des Höhgaus bietet, ein alter Grabhügel von beträchtlicher Grösse; seine Höhe betrug 6 m, der Durchmesser von Ost nach West 33 m, von Nord nach Sud 30 m. Im September 1864, alsbald nach Schluss der Versammlung der deutschen Geschichts- und Alterthums-Vereine in Constanz, wurde auf unmittelbaren Befehl Seiner Königl. Hoheit des Grossherzogs die längst beabsichtigte Ausgrabung desselben unter der umsichtigen Leitung des seitdem verstorbenen Grenzcontroleurs Dehoff begonnen und in den ersten Tagen des Octobers beendet. Der Letztere beabsichtigte die Publicirung eines eingehenden Berichtes. Sein leider noch unfertiges Manuscript[1] liegt in den Acten zusammen mit der Schilderung einiger anderer seiner Ausgrabungen aufbewahrt und wir erfüllen eine Pflicht der Pietät gegen den eifrigen und verdienten Forscher, indem wir das Wesentliche aus demselben über eine Untersuchung mittheilen, welche bis jetzt nur in ihrem kraniologischen Theile durch Ecker[2]) bekannt ist, während sie auch durch die für die Bodenseegegend typischen Artefacte, welche sie zu Tage förderte, höchste Aufmerksamkeit verdient.

„Das Material der Hügelaufschuttung, sandiger Lehm," berichtet Dehoff, „ergab sich alsbald als aus den zunächst liegenden Stellen entnommen, wofür eine im weiten Kreise noch sichtbare, den Hügel umgebende Vertiefung zeugte. Die ersten, wenn auch anfangs nur in kleinen Mengen vorkommenden Kohlenreste traten auf der Sudseite auf. Auf dieser, auf der Nordwest- und Nordost-Seite kamen drei in den ursprünglichen Boden gesetzte, der Gralende nicht angehörige gelbröthliche Bruchsteine, bis 60 cm Dm. haltend, die beiden letzteren in unbearbeitetem Zustande, zum Vorschein. Der südliche Stein ist ein sogenannter Schalenstein, auf der Oberseite mit einer 5 cm weiten, 1,5 cm tiefen Aushöhlung, auf der Rückseite mit 3 kleinen ebensolchen, 1,5 m breit und 0,6 cm tief. Dass diese 3 Steine absichtlich zu einem bestimmten Zwecke, wohl zur Abgrenzung der Grabstätten, gesetzt wurden, dürfte ausser Zweifel stehen."

„Auf der Süd- und Südost-Seite des Hügels trat eine vom Gipfel sich herabsenkende bis 60 cm mächtige, dachziegelförmig gelegte Steinaufschichtung von Roll- und Bruchsteinen zu Tage. Unter derselben lag südlich, 90 cm über dem natürlichen Boden, 1,20 m unter der Erdbedeckung, 11,5 m vom Mittelpunkt, mit dem Kopfe nach Westen, den rechten Arm über dem Scheitel, den linken an der linken Seite heruntergelegt, den linken Fuss gestreckt, den rechten in stumpfem Winkel nach oben aufgebogen, ein männliches Skelett. Zur Rechten desselben, in 1,80 m Tiefe, fand sich, auf dem ursprünglichen Boden liegend, ein zweites von besonders kräftigem Bau und 1,80 m Länge: der linke Fuss war vom Becken an spurlos verschwunden, ebenso der linke Arm; Schmuck und Waffen fehlten ganz. In gleicher Höhe mit dem ersten Skelett, westlich von demselben, 75 cm über dem gewachsenen Boden, kam ein drittes in sitzender Stellung zu Tage, das einem Kinde von 12—13 Jahren angehört haben musste; der linke Vorderarm trug 2 offene massive Bronze-Armringe, am Fuss lagen 2 Fussringe von

[1] Leider fehlen bis auf einen nicht fertigen Situationsplan die im Manuscript vorausgesetzten Tafeln, welche wahrscheinlich nicht zur Ausführung gelangt sind. Die genauere Darstellung wird dadurch nothwendig beeinträchtigt.

[2] Cf. Alexander Ecker, Crania Germaniae, Freiburg i/Br., Fr. Wagner'sche Buchh. 1865; pag. 30 ff. Dr. Weber fasst das dort beschriebene Resultat in Folgendem zusammen: „Die Schädel des grossen Hügelgrabs am Gemeinmärker Hof gehören vorwiegend zu Formen der Hügelgräber (Mittel- bis Kurzköpfe), die jedenfalls nicht einem germanischen Volke dieser frühen Zeit angehört haben können, sondern wohl einem rhätischen. Der Typus der in dem Grabe gefundenen weiblichen Schädel weicht so sehr von dem der männlichen ab, dass die Unterschiede weniger durch das Geschlecht als durch eine Racenverschiedenheit bedingt scheinen. Da sie der germanischen Langschädelform am nächsten stehen, gehörten sie vielleicht kriegsgefangenen Sklavinnen aus einem Germanenstamme an."

Bronze; in der Gegend des linken Ohrs sah man ein kleines, kaum 0,6 cm Dm. haltendes Bronze-Ohrringchen. Ausserdem stiess man während der Grabung noch auf eine grössere Zahl von Skeletten von Männern, Frauen und Kindern, im Ganzen 14 nebst undeutlichen Spuren von noch einigen mehr. Mehrere Schädel (jetzt im anatomischen Museum der Universität Freiburg No. A. 90, 1—14) waren ganz wohl erhalten, andere liessen sich soweit zusammenfügen, dass wenigstens ein Urtheil über die Gesammtform möglich wurde; einige konnten nur in Bruchstücken erhalten werden." Der Hügel war also eine Massengrabstätte; Dehoff zählte auf der Westseite 2, auf der Südseite 7, östlich 9 Bestattungen; die Nordseite war leer. „Die Reste fanden sich vom natürlichen Boden aufwärts bis 2,70 m über demselben in die blosse Erde gebettet; die über ihnen liegende Schichte zeigte absichtliche künstliche Anordnung; unmittelbar über den Skeletten fand sich nämlich durchweg eine feine, wohl von der Verwesung der Kleider herrührende staubähnliche Substanz, darüber feiner Sand, mit kleinen Kieseln gemischte Erde, dann eine dachriegelförmig angeordnete Lage von mehr oder minder verschiedenen Bruchsteinen. Man bekam den Eindruck, dass die Aufschichtung der einzelnen Grabstätten wahrscheinlich nur allmählig, von der Basis des Hügels im Süden beginnend, stattgefunden hatte."

Ausser diesen Bestattungen zeigten sich indessen auf der Ostseite, 2,70 m über dem ursprünglichen Boden, noch 2 Urnen mit Asche und verbrannten, zweiffellos menschlichen Knochenresten, dabei eisernen Armringen(?), sowie Resten kleiner Säugethiere und Vögel. In der Höhe mit diesen Leichenbränden lag kein Skelett mehr; das Zeitalter der Bestattung scheint demnach zur Zeit jener Todesfälle schon vorbei gewesen und an seine Stelle das der Leichenverbrennung getreten zu sein."

Was nun die in dem Hügel gefundenen Artefacte betrifft, so fiel Dehoff zunächst bei der naheliegenden Vergleichung mit den Pfahlbautenresten des Bodensees mit Recht deren wesentliche Verschiedenheit auf. Selbst mit Hereinziehung einzelner Anklänge auf beiden Seiten bleibe immerhin eine wesentliche Lücke, die nicht gestatte, die Bewohner jenes Bodens in beiden Perioden unmittelbar aneinander zu reihen. Zur Zeit, als er den Grabhügel untersuchte, waren allerdings die Bronzefunde in Pfahlbauten des Bodensees noch nicht oder noch kaum gekannt; aber auch ihnen gegenüber fallen, wie sich später zeigen wird, immer noch mehr die Verschiedenheiten als die Aehnlichkeiten ins Auge.

Von den Fundstücken, die er nach dem Stoff, aus dem sie gefertigt sind, aufzählt, kommt von Stein zuerst in Betracht der schon oben genannte, leider verloren gegangene Schalenstein, von dem so wenig als von den andern Gegenständen, welche in die Grossh. Alterthümer-Sammlung verbracht wurden und dort noch im Original vorhanden sind, auch nicht einmal eine Abbildung übrig geblieben ist. Dies gilt ebenso von einem Steinwerkzeug „aus dem graugelben Sandstein vom westlichen Ufer des Mindelsees, das 25 cm lang, an der Verbindungsstelle zwischen Stiel und Kopf augenscheinlich mit Feuerstein-Werkzeugen künstlich eingesägt war". Dehoff nennt es einen Thorshammer und knüpft daran mythologische Beziehungen. Der Umstand, dass es sich „in der dem ganzen Hügelgrabe den Abschluss gebenden, augenscheinlich mit Absicht hergestellten Steinaufhäufung auf der Hügelspitze und dem Hügelmittelpunkt, und zwar auf der Ostseite" vorfand, gab hiezu nicht ganz ungegründete Veranlassung.

Unter der Rubrik „Thongeräthe" spricht Dehoff nur von einem, wie es scheint, vereinzelt gefundenen, „aus freier Form hergestellten schalenförmigen Thongefässchen von 4,8 cm Weite und 6 cm Höhe, das ganz augenscheinlich aus dem rohen, grauen, mit Quarzkörnern gemischten Thon, wie solcher bei den Pfahlbau-Gefässen zur Verwendung gekommen, hergestellt ist und in keiner Weise mit der Culturstufe, die sich aus den übrigen Funden ergibt, übereinstimmen will. Es war mit einer erdigen Holzaschenmasse gefüllt, die keine nähere Untersuchung mehr gestattete". Dann nennt er noch unter der Bezeichnung „Thonkoralle ohne Glasur" einen kleinen, dicken, mitten durchbohrten **Spinnwirtel** von Thon, mit 2,4 cm Dm., der mit einigen anderen der dortigen Funde in dem photographischen Album der prähistorischen und anthropologischen Ausstellung zu Berlin 1880 von C. Günther, Sect. VII, Taf. 8 (unter C. 2869) abgebildet ist.

Die **übrigen Urnen und Thonscherben** werden in dem Bericht nicht weiter beschrieben. In der That sind auch nur noch Scherben von 3 oder 4 Gefässen vorhanden, zu wenig, um diese wieder ganz zusammenzusetzen, aber doch noch genug, um sie als hervorragende Beispiele der von Salem her bekannten Technik zu charakterisiren. Das bedeutendste Fragment ist das Taf. II, 19 abgebildete, noch 15 cm lange von einer entsprechend **grossen birnförmigen Urne**. Sie zeigt gegen den Fuss hin die gewöhnliche rothgelbe Thonfarbe, während sich um ihre grössere obere Ausweitung eine aus lebendig dunkelroth und schwarz aufgemalten Bändern bestehende Verzierung herumzieht, welche in einen schwarzen, mit zierlich eingedrückten Zigzaglinien ausgefüllten Hals und Rand ausläuft. Aus weiteren Scherbenstücken konnten wenigstens die Taf. II, 20 und 21 dargestellten zwei Ornamentmuster mit schwarzen und rothen Bändern und ähnlichen Zigzaglinien in schwarzem Grund zusammengefunden werden.

Auch die Beschreibung der Lage und der Formen der **Bronze- und Eisen-Funde** ist nur summarisch gegeben; für unsern Zweck genügt, auf die wichtigsten derselben, besonders sofern sie charakteristische Typen darstellen, hinzuweisen. Die zahlreichen **Arm- und Fussringe** sind ohne besonderen Schmuck, massiv, oder hohl, in letzterem Falle mit glatten, ineinander geschobenen Enden (wie Taf. I, 1, 2, 23). die **Ohrringe** theils klein, nur aus Bronzedraht, kreisförmig gebogen, theils etwas grösser (2,2 cm Dm.), in der zierlichen, Taf. V, 15 wiedergegebenen Form. Die **Haarnadeln** Taf. V, 16, tragen gedrückt kugelige Köpfe von 2 cm Dm., welche aus 2 hohlen Schalen, durch welche der Stift durchgeht (s. Lindenschmit, Hohenzollern'sche Sammlungen Taf. XXI) und einem inneren Kern aus Lindenholz zusammengefügt sind. Unter den Fibeln sind die **paukenförmigen**, in verschiedenen Grössen von 2,5—6 cm Länge Taf. II, 11—14 und die mit **Endknöpfchen von rother Koralle** Taf. V, 13 (3 cm lang) die bemerkenswerthesten. **Edelkoralle** ist auch verwendet als runder Knopf einer auf der Brust eines weiblichen Skeletts gefundenen **Nadel** von noch 7 cm Länge Taf. V, 17, und in 9 **Reihen der Länge nach zwischen zwei Elfenbeinstäbchen mit Löchern eingefädelter längerer oder kürzerer Stückchen** (einzelne, sowie die Beinstäbchen abgebildet im Photogr. Album der Berliner Ausstellung von 1880, Sect. VII, Taf. 8), welche gleichfalls einen **Brustschmuck** gebildet haben müssen. Von welcher Bedeutung die Verwendung dieses dem Mittelmeer entstammenden Materials als Zeugniss für die damaligen Handelsbeziehungen jener Gegend mit den Ländern des Südens sein muss, braucht keines weiteren Nachweises. Von Interesse war auch der Fund der **Bronze-Nähnadel** Taf. V, 18 (7,3 cm lang), vor Allem aber eines vortrefflichen Exemplars jener von Hallstatt und von den Funden des oberen Donauthals (Lindenschmit, Hohenzollern'sche Sammlungen Taf. XIII, 7, XX, XXI) bekannten **rechteckigen Gürtelbleche von Bronze**, 17,5 cm breit und noch 50 cm lang, **mit Reihen eingestanzter kleiner Thierfiguren, Sternchen und Ringchen verziert**. Das Stück ist durch Bronzestäbchen in drei Quadrate getheilt; von den Schliessen sind auf einer Seite noch 2 kleine Ringe, wohl für das Eingreifen von Haken, erhalten (abgebildet im Photogr. Album der Berliner Ausstellung von 1880, Sect. VII, Taf. 9). Die Unterlage von Leder, auf welche das Blech aufgelegt war, konnte noch unterschieden werden; darunter sollen auch noch Spuren von Holz bemerkbar gewesen sein.

Bei demselben Skelett, über dessen Hüften das Gürtelblech lag, liess sich gegen die Brust hin noch 8—10 cm breit jenes eigenthümliche **Gewebe mit hart an einander gesetzten Reihen kleiner Bronzehäkchen** erkennen, das, an eine Art Panzerhemd erinnernd, aus den Schilderungen Lindenschmits (Hohenzollern'sche Sammlungen, Taf. XVII, 3—6) über die Grabhügel-Funde von Cappel, Habsthal und Laiz bekannt ist. Es fand sich noch ein zweites und drittes Mal vor. Hier gelang die vollständige Messung, welche ein längliches Viereck mit einer Länge, bezw. Breite über die Brust von 60 cm bei 30 cm Höhe ergab.[1]

In dem oben besprochenen kleinen Thongefässe haben sich ein ganzer und ein zerbrochener **Armring aus Eisen** „in Haftenform" von 3 mm Stärke vorgefunden. Schliesslich werden noch von Eisen die beiden **Speerspitzen** Taf. VI, 18, 19 mit Tüllen und mittlerem Grat von 36 und 31,5 cm Länge angeführt in Formen, welche in verwandten Gräbern häufig wiederkehren. Auch **Zahn und Kieferstück vom Wildschwein** wird von Dehoff unter den Funden aufgezählt.

Allensbach, A. Constanz.

Auf der die beiden westlichen Arme des Bodensees trennenden, an alten Culturresten reichen Landzunge sind noch mehrere Gruppen von Hügelgräbern bekannt. Eine derselben, im Reichenauer Gemeindewald, etwa eine Viertelstunde westlich von Allensbach, rechts der Landstrasse nach Markelfingen, besteht aus 15 **Hügeln**, von denen der kleinste mit 9 m Dm. und 1,20 m H. (2 grosse haben 30 m Dm. mit 6 m H.) 1864 während der Tagung der deutschen Geschichts- und Alterthums-Vereine in Constanz von Dehoff geöffnet wurde. Nach seinem Bericht fanden sich, wie gewöhnlich, **Kohlenreste**, und zwar von Fichten, in dem Hügel zerstreut. Es kam dann 60 cm vom Mittelpunkt gegen Osten, 30 cm über dem gewachsenen Boden „ein **reiches Kohlenlager auf einer vom Urboden bankähnlich stehen gebliebenen Erhöhung** zu Tage, das über 1 m gegen Westen hin verlief". In demselben fanden sich **kleine calcinirte Reste menschlicher Knochen und drei Thongefässe**, das mittlere verziert, mit vielen Aschen- und Kohlenresten gefüllt und von solchen umgeben; in einem der Gefässe hatte noch eine kleine schwarze Thonschale gelegen. Metallfunde fehlten ganz.

Hödingen, A. Ueberlingen.

In dem zum Spital Constanz gehörigen „Haselwalde" bei **Hödingen**, westlich von Ueberlingen, finden sich **drei** von Herrn Ullersberger in Ueberlingen entdeckte **Grabhügel**, zwei von 11 m, einer von 22 m Dm. Der letztere, 2,50 m hoch, wurde von mir im Mai 1882 untersucht. Er bestand aus dem hier den Grund bildenden lehmigen Sand und zeigte eine auf dem gewachsenen Boden aufruhende, ziemlich bedeutende **Steinsetzung** von 250—300 Steinen, von 20—40 cm Länge und entsprechender Dicke, theils im Sandboden vorkommende Rollsteine, theils im Gebirge gebrochene Stücke. Ihre Lage war auf den ersten Blick unregelmässig; doch war um den Mittelpunkt gegen Osten ein Halbkreis von etwa 2 m Halbmesser ca. 30 cm hoch trocken aufgebaut und an ihn schienen sich westlich und südlich 2 kleinere anzuschliessen. In dem südlichen lagen, fast in der Tiefe des gewachsenen Bodens, spärliche Reste eines von West nach Ost mit dem Kopf gegen Westen gelegten **Skeletts**; die Knochenstücke der Unterschenkel waren von 2 grossen, **glatten, hohlen Bronzeringen** umschlossen, welche innerhalb mit einer Substanz gefüllt erschienen, die nach der Untersuchung des Herrn Leiner in Constanz sich als Nadelholz kundgab. In der Gegend der Arme lagen Bruchstücke kleiner und dünner, mit wenig Strichen verzierter **Bronze-Armringe** mit ovalem Querschnitt, in der Nähe **Thonscherben** und zerstreut **Kohlenreste**.

Innerhalb des grösseren Steinkreises waren die Fundstücke in leider sehr zerstörten Fragmenten auffallend zerstreut und liessen die ursprüngliche Anlage der Bestattung kaum mehr erkennen. **Kleine Knochenstücke** schienen von einem **zweiten** (und vielleicht einem dritten)

1) S. d. Costüm-Reconstruction bei Keller, Mittheilungen d. Antiquar. Ges. in Zürich III, 1847, Heidengräber der Schweiz p. 67 und Taf. II.

Skelette herzurühren, welchem neben ziemlich zahlreichen Thonscherben ganz zerstreute Stücke von Bronzeblech mit gestanzter Verzierung (das grösste derselben 6 cm hoch und breit Taf. II, 13), wahrscheinlich von einem Gürtel, ferner Reste von einem Geflechte kleiner Bronzehäkchen (wie im Hügel bei dem Gemeinmärker Hof [s. pag. 11, unt.]) und ein nicht mehr zu deutendes, eigenthümliches, 8 cm langes Fragment, ein von einem Bronzeringchen (1 cm Dm.) auslaufendes, dünnes, geschlossenes Bündel mehrerer ganz dünner, mit geripptem Bronzeblech überzogener Holzstäbchen darstellend, beigegeben waren. In dem westlichen Steinkreis, der vielleicht blos von Verwerfung des grösseren herrührte, war ausser Thonscherben nichts mehr zu finden. Aus dem Scherbenmaterial gelang es, eine birnförmige Urne von sehr gedrückter Form wie Taf. II, 3a., rothgelb, mit dunkelroth aufgemalter Linienverzierung nach dem Schema der Urne Taf. I, 18, ein grösseres Stück eines höheren birnförmigen Gefässes, graphitschwarz, mit eingedrücktem Zickzackband, in der Behandlung von Taf. I, 11, und zwei flache Schüsseln, wie Taf. I, 11, von 34,8 cm Dm. und ähnlicher Verzierung, zusammenzusetzen. Es blieben noch Bruchstücke von 4 weiteren rohen und unverzierten Thongefässen übrig. Die Funde sind in der Rosgarten-Sammlung in Constanz aufbewahrt; die beiden anderen Grabhügel harren noch ihrer Untersuchung.

Nach diesen Beispielen, welche ein Bild des ziemlich gleichartigen Charakters der Hügelbestattungen in unmittelbarer Nähe des Bodensees zu geben geeignet sind, folgen wir westwärts dem Laufe des oberen Rheinthals bis zu der eine Stunde nordlich vom Rhein gelegenen Bahnstation

Gottmadingen, A. Constanz.

Die dortige Gegend, in welche von Nordosten her der steil ansteigende Kegel des Hohentwiels malerisch hereinschaut, hat sich für die urgeschichtliche Forschung in mehrfacher Beziehung ergiebig gezeigt. Wenig nordöstlich von dem schmucken Dorfe befinden sich auf dem waldigen Heilsberge die Reste eines Ringwalls, dort die Altstadt genannt und durch die Sage von einer verschwundenen römischen Niederlassung belebt. Eine halbe Stunde östlich durchschneidet die Constanz zu führende Eisenbahn im Spieswalde eine Gruppe von 5 stattlichen Grabhügeln, von welchen schon 1862 bei Gelegenheit des Bahnbaus, der einen derselben mitten durchschnitt, zwei geöffnet wurden, um aus ihnen Knochen, Bruchstücke von Thongefässen und Bronzefragmente zu gewinnen, welche leider als verloren anzusehen sind; und wenig südlich, in dem mit dem Namen Riedbuck bezeichneten Gelände, welches sich sanft gegen Süden dem Wiesenthälchen der Biber zu herabsenkt, entdeckten und untersuchten mit wachsendem Eifer Pfarrer Brengartner und Lehrer Gertis im Frühjahr 1882 jene andere in unseren Gegenden noch so wenig bekannte Form alter Begräbnisstätten, nämlich einen ausgedehnten Urnen-Friedhof. Beide letzteren Fundstätten sind für uns besonderer Betrachtung werth.

1. Die Grabhugel im Spieswald.

Von den fünf Grabhügeln wurde der westlichste, grösste, mit 30 m Dm., 1862 bei dem Bahnbau durchschnitten und der ihm östlich nächste mit 18 m Dm. und 2,60 m H. bei derselben Gelegenheit ausgegraben. Mit letzterem bilden gegen Osten 2 weitere, I von 27 m Dm. und 2,30 m H., und II von 25 m Dm. mit 2,00 m H. ein Dreieck, in dessen Mitte sich endlich der kleinere III mit 15 m Dm. und 1,30 m H. erhebt. Es mag noch bemerkt werden, dass 3 Minuten nördlich von den Grabstätten im Walde eine runde, 2½ m tiefe Trichtergrube („Wolfsgrube") nachgewiesen werden konnte. Ob ihr etwa das Material für Errichtung eines der Hügel entnommen wurde, ist nicht zu entscheiden. Hügel I hatten die beiden genannten Forscher 1882 theilweise angegraben, ohne auf Funde zu stossen; im Sommer 1884 unternahmen wir auf ihre Veranlassung die Untersuchung von Hügel II, an dessen Fuss die Eisenbahn unmittelbar vorüberführt.

Der Hügel bestand aus lehmigem Sand und war mit einer 30 cm dicken Humusschicht bedeckt. Im Inneren zeigten die Lagerungsverhältnisse nichts besonderes, vor allem keine Steinsetzung; aussen war eine Vertiefung, aus welcher das Aufschuttungsmaterial gewonnen worden wäre, nicht mehr zu entdecken.

Bald erschienen an mehreren Punkten kleinere Kohlenspuren, auch wohl kleinere Kohlenschichten in 50 cm und 1,20 m Tiefe; einmal kam, 3,50 m vom Mittelpunkt, in 1,10 m Tiefe eine grössere Brandplatte, Kohle mit Sand untermischt, etwa 30 cm im Geviert, aber ohne weiteren Fund, zu Tage. Zerstreut eingeworfene Scherben wurden nicht gefunden. Dagegen zeigte sich 3,5 m südöstlich von der Mitte schon in 1 m Tiefe ein vollständiger Leichenbrand, rohe gelbrothe Scherben einer kleinen, in der Form nicht mehr sicher zu bestimmenden Urne, theilweise mit einer einfachen Verzierung von parallel eingedrückten Linien, damit vermischt verkohlte Holzstückchen und verbrannte Knochenreste eines etwa 8jährigen Kindes, ohne weitere Beigaben. Ein zweiter Leichenbrand war südwestlich in gleicher Entfernung von der Mitte 1,30 m tief beigesetzt und bestand aus den Scherben der beiden Taf. II, 3, a. b. abgebildeten Urnen von dunkelgrauem, innen und aussen mit einer feinen rothen, aussen hochrothen Schicht übergossenem Thon. Beide sind birnförmig, aber stark gedrückt, mit engem Fusse und verhältnissmässig weiter Oeffnung. Die kleinere (b.) mit 13,5 cm Oeffnung und 6 cm H. enthielt unter Sand und Kohle calcinirte Knochenstücke, die grössere (a.), mit 21 cm oberem Dm. und 16 cm H. war leer. Auch hier keine weiteren Beigaben. Endlich hatte sich noch in nur 50 cm Tiefe, 4,20 m nordnordwestlich von der Mitte die kleine, rohe, dickwandige Thonschale Taf. II, 5 (H. 6 cm, ob. Dm. 13,7 cm) mit einwärts gewandtem Rande leer und ganz vereinzelt gezeigt. Mussten die beiden wenig tiefen Leichenbrände später in den schon fertigen Hügel eingesenkt worden sein, so zeigten sich nun erst auf dem gewachsenen Boden in der Mitte die Reste der ursprünglichen Bestattung in der Form von 6 Thongefässen, welche Taf. II, 1 in ihrer ursprünglichen Stellung wie im Bogen um ein nicht mehr vorhandenes etwas gestellt erschienen. Es sind die stattliche, glatte, blaugraue, 40 cm hohe Urne a., birnförmig, mit besonders abgesetztem Hals und niederem, etwas nach aussen gewendetem Rand um eine Mundöffnung von 30 cm Weite, ferner 2 in einander gestellte runde Schüsseln, die eine (b.), mit 20,5 cm Dm., von dunkeln, innen und aussen roth gedecktem Thon mit kräftig eingeritzten Zierlinien, die andere roher, ohne Ornament, ferner die etwas gedrückt birnförmige Urne c., aussen glatt, hochroth, mit 24 cm Weite, bei 20 cm H., der zierliche 13 cm hohe, ebenfalls rothe Henkelkrug d. und die auffallend dünnwandige, feinere Urne e., 10 cm hoch, mit 12,5 cm Oeffnung, aus schwärzlichem, feinem Thon, innen mit rother Schicht, aussen hell rothgelb, mit ganz kurzem, schwarzem Rand und mit 3 rothbraunen, 7 mm breiten, wagrechten Bändern verziert. Die dunkeln Farben zeigen eigenthümliche, kleine Sprünge, die auf eine Art von Glasur hinweisen könnten; die Bänder sind, wenig exact, mit freier Hand herumgeführt. Zwischen c. und d. lag auf dem Boden das Taf. II, 2 abgebildete, ursprünglich an eisernem Kettchen angehängte rundliche, hohle Eisenstück von 3 cm Länge, offenbar der Halter oder Griff irgend eines, leider nicht mehr bestimmbaren Werkzeugs, welches durch einen mitten durchgehenden Stift festgehalten worden war. Die Thongefässe waren vollständig leer; weitere Beigaben fehlten; von der Leiche selbst war alles verschwunden, so dass sich nicht mehr feststellen liess, ob sie begraben oder verbrannt war; da alle Brandspuren fehlten, so durfte das erstere als wahrscheinlich angenommen werden.

Im September 1881 öffneten die Herren Brengartner und Gertis den kleinen, mittleren Hügel III. Derselbe überraschte durch eine in seinem Innern errichtete pyramidale Steinsetzung von 2 grossen Wagenladungen unregelmässig aufgethürmter Steine; diese bedeckte die zerdrückten Scherben einer röthlichen Urne von der Form Taf. II, 9 und 10, mit einer Ausweitung von ca. 24 cm und einer kräftig eingedrückten Strichverzierung von dem auf Taf. I, 18 gegebenen Schema, mit einer wahrscheinlich ursprünglich in derselben befindlichen halbkugeligen grauen Schale von 13 cm Weite. Rechts und links von der Mitte standen einzelne Steine noch aufrecht, und eine querüber liegende Platte, die jetzt freilich unmittelbar über den Scherben lag, verrieth deutlich die ursprünglich vorhandene Höhlung. Zu bemerken war hier ausserordentlich viel Brand, Kohle und Asche, selbst zwischen die Steinfugen hinein; nur Knochenreste wollten sich keine finden, ebensowenig trotz sorgfältiger Nachsuchung irgend eine Spur von Metall. Kohlenreste waren auch sonst in dem Hügel in verschiedenen Tiefen vielfach zerstreut; einmal fanden sich Knochenstücke von einem grossen Vogel. An einer südlich, 2 m von der Mitte entfernten Stelle lagen 1,15 m tief noch kleine Bruchstücke einer röthlichen Urne mit ganz wenig Kohle und einigen Knochenstückchen, wenig von der Mitte gegen Nordosten ab in 1,30 m Tiefe Scherben von 2 rohen Thongefässen. Leichenbrand war also in dem Hügel wahrscheinlich, wenn auch nicht sicher constatirt.

Endlich wurde auch die Ausgrabung von Hügel I vollendet. Sie ergab in der Mitte auf gewachsenem Boden die Reste eines Skeletts (Schädel gegen Süden), den rechten Arm am Leibe anliegend, den linken gegen Westen ausgestreckt. In der Gegend der linken Hand zeigten sich schwache Spuren von Eisen, sonst fehlten Beigaben, ausser auf der nordöstlichen Seite des Hügels in 70 cm Tiefe die Bruchstücke einer kleinen, sehr dickwandigen, gelblichen Urne, mit schwachen Fingereindrücken, und einer kleinen, halbkugeligen, grauen Schale von 11 cm Weite. Kohlen oder sonstige Brandspuren mangelten hier ganz. Also in derselben Gruppe und augenscheinlich aus gleicher Zeitperiode bald Begräbniss, bald Leichenbrand, bald jedes besonders, bald beides in einem Hügel vereinigt, hier keine Steine, dort mächtige Steinsetzung.

2. Das Urnenfeld im Riedbuck.

Auf den Aeckern des Riedbuck, von denen schon früher viel Sand und Kies weggeführt wurde, waren bei dieser Gelegenheit auch schon wiederholt „Ueberreste von Gebeinen und von Aschenurnen" gefunden worden, ohne dass man durch irgend ein äusseres Merkzeichen auf deren Dasein aufmerksam geworden wäre; insbesondere bleibt die Annahme etwa abgetragener Hügel ausgeschlossen. Die neueren, noch nicht sehr ausgedehnten Untersuchungen der Herren Bomgartner und Gertis ergaben nun das folgende Resultat:

Unregelmässig zerstreut, in Entfernungen von 2—4 m, auch wohl bis 5 m von einander, befinden sich einzelne Beisetzungen. Schon in 10—15 cm Tiefe stösst man auf die 1—1,5 m im Dm. haltenden und etwa 10 cm tiefen Brandplätze; bei denselben auf eine, auf zwei Steinplatten, in einem Falle auf deren 3 ganz gewaltige, daneben auf verbrannte Knochenreste und, nie auf dem Brandplatz und nie unter den Steinen (wiewohl hier durch den Pflug und das Wegnehmen vieler solcher Steine der ursprüngliche Stand sehr verändert sein mag), auf theils einzelne, theils in Gruppen von 2—4 zusammenstehende Thongefässe, in welchen sich Erde und Asche, manchmal auch kleine Beigaben von Bronze eingelegt finden. In einem Falle war eine grössere, röthliche Urne von der Form Taf. II, 10 umgeben von 3 kleineren; letztere enthielten Leichenbrand, ebenso die grosse zahlreiche Knochenstücke mit Brandspuren an beiden Enden. Auf den Knochen lagen, an dem Fragment eines Bronzeringchens eingehängt, ein Haarzängchen (L. 6 cm) und das hübsch gewundene Toiletten-Werkzeugchen Taf. II, 7, beide von Bronze.*) In einem andern barg die Urne Taf. II, 10 (H. 11 cm, ob. Dm. 16 cm) zwei Armbänder von Bronze in Form und Verzierung von Taf. II, 6; wieder in einem anderen erschien das glockenförmige rohe Thongefäss Taf. II, 11, mit Asche gefüllt, daneben eine kleinere Schale; dann das kleinere, Taf. II, 12,

*) Die grosse Verbreitung dieser Werkzeugchen der Cultur vor der Benutzung der Bronze [illegible] Persien ist bekannt und auch in Süddeutschland vielfach [illegible]. Fast in derselben Form, [illegible] unserer ethnographischen Sammlung [illegible] auf Sumatra zu.

10 cm hoch, roh, mit den Resten einfacher Halsverzierung durch eingedrückte kleine Striche, und in demselben das nebengezeichnete Schälchen b., überhaupt häufig kleine, halbkugelige Schalen in den grösseren Gefässen. Die neben einer Sandstein-Platte an einem Brandplatze mit kleinen Knochenstücken gefundene schwarze, halbkugelige, 11 cm weite Schale, Taf. II. 13 enthielt ein kleines, verziertes Armringchen und ein weiteres Ringchen von Bronze. Einmal lagen bei einem grösseren Brandplatze drei grosse Steinplatten, von denen die mittlere ursprünglich wohl auf den Rändern der beiden andern aufgeruht hatte, daneben Stücke einer kleinen Urne und nicht verbrannte Knochenreste eines 3—4jährigen Kindes. War daraus zu entnehmen, dass das Urnenfeld neben Leichenbrand auch unverbrannte Bestattungen enthielt, so erhielt diese Thatsache noch besondere Bestätigung durch die Auffindung des Schädels und weiterer Skelettreste einer vielleicht in sitzender Stellung begrabenen Leiche. Der Kopf war gegen Norden gewendet; in der Nähe standen 2 Thongefässe; an der Stelle der Knöchel fanden sich 2 dünne, ovale, glatte und an den Enden aufgebogene Spangen von Eisen, Taf. II. 14 (L. 12 cm) mit wenig elliptischem Querschnitt.[1] Der noch vorhandene, verhältnissmässig kleine Schädel scheint einer weiblichen Person von mittleren Jahren angehört zu haben. Er hat die den Hügelgräbern der Gegend angehörige Form.

Unter den Gefässformen kehren am häufigsten die tiefen, bauchigen, man könnte sie kürbisförmige nennen, vom Typus Taf. II, 9 und 10 wieder, bald glatt, bald mit kräftigen, eingedrückten Strichen oder Reihen kleiner eingedrückter Dreiecke verziert; auch die Form Taf. II, 4a. fand sich wiederholt; daneben oft die kleine, halbkugelige Schale. Rohere Erzeugnisse sind das Gefäss II. 11 und der Thonbecher II. 12 von 8 cm H. Eine ziemliche Anzahl der Gefässe ist auf der ganzen Aussen- und Innenfläche graphitglänzend schwarz gefärbt (so II. 9, 13) und sehr bemerkenswerth, die Fundstätte mit den Grabhügel-Funden am Bodensee verbindend, sind die Fragmente einer kleineren, farbigen, birnförmigen Urne, mit rother Zigzagbänder-Verzierung auf schwarzem Grund.

Das Urnenfeld scheint den Abhang hinauf sich noch weit ausgedehnt zu haben und verdient fortgesetzte systematische Untersuchung. Vorläufig ist die Bemerkung noch beachtenswerth, dass sich gegen Süden viel mehr kleinere Thongefässe (Kinderbestattungen?) finden, während die grösseren mehr den nördlichen Parthien anzugehören scheinen.

In dem Wiesengrund, gegen welchen sich der Abhang südwärts absenkt, wurde die Haarnadel von Bronze Taf. II, 8 (L. 17 cm) gefunden, welche mit der aus den Pfahlbauten des Ueberlinger Sees bekannten Form übereinstimmt.

Das Gebiet nördlich vom Ueberlinger- und Unter-See und vom Rhein, der Hohgau und die Gegend, welche nördlich an den württembergischen Heuberg und nordwestlich an die Baar grenzt, zum grossen Theil Fürstl. Fürstenberg'scher Besitz, ist ebenfalls reich mit Hügelgräbern besetzt. Dieselben bildeten seit Anfang der Siebenziger Jahre den Gegenstand emsiger und zuverlässiger Forschung seitens des von Donaueschingen nach Waldshut übergesiedelten Bürgermeisters C. F. Mayer, der uns seine Aufzeichnungen, welchen das Folgende entnommen ist, freundlich zur Verfügung stellte.

Aus denselben geht hervor, dass das Gebiet der Hügelgräber, von denen er seit 1872 eine Anzahl untersuchte, den westlichen Ausläufer der grösseren, die Hochebene der Schwäb. Alb füllenden Region bildet, dass es von Vilsingen, wenig westlich von Sigmaringen, über den badischen

[1]) Solche Spangen von Bronze a. D. v. Ludwigsthal bei Tuttlingen im Fürstl. Museum von Donaueschingen, v. Hettingen im Fürstl. Museum v. Sigmaringen (Lindenschmit, Hohenzollern'sche Sammlungen Taf. XXXIV). — Aehnliche verzierte enthält die Grossh. ethnograph. Sammlung als Schmuck der Füsse ostindischer Bajaderen.

Theil des Heuberg-Plateaus hinzieht und sich südlich in den Höhgau, westlich in die Baar bis nach dem Ostabhang des Schwarzwalds verbreitet. Mayer zählt von Vilsingen bis in die Gegend des Hohenhöven im Höhgau etwa 120 Grabhügel, theils in kleineren oder grösseren Gruppen, theils in Paaren oder einzeln. Als mittlere Masse derselben gibt er 10—30 m Dm. bei 1,5—3 m H. an. Gewöhnlich bergen sie im Innern Lagen von Steinen, welche bei der Bestattung das Skelett mit seinen Beigaben, bei Leichenbrand den Brandplatz mit den Graburnen bedecken. Manchmal finden sich wenige Steine, manchmal sehr viele; oft sind deren Lagen wieder durch Erdwände getheilt; Mayer nennt solche Gräber „Kammergräber“. Die Steinmasse ist in der Regel mit Erde überdeckt und diese sorgfältig und gleichmässig abgerundet. Die Begräbnissstätten finden sich fast immer auf hochgelegenen Ebenen, selten auf trockenem, fast immer auf feuchtem Boden mit lettigem Untergrund.

Als Beispiele wählen wir, von Süden her kommend, die Grabhügel von

Bittelbrunn, östl. von Engen.

Sie bilden dort drei benachbarte Gruppen; eine derselben liegt 1/4 Stunde nördlich vom Ort im Waldrevier „Bubenholz“ und besteht aus 13 Hügeln von 9—21 m Dm. Vier von ihnen wurden von Mayer geöffnet. Der grösste (21 m Dm.) barg in der Mitte einen über 2 m breiten, 2—3 cm hoch mit Asche überdeckten Brandplatz, auf welchem die 11 cm lange abgebrochene Spitze eines Bronze-Schwerts (an der Bruchfläche 23 mm breit, bis zur Spitze merklich gekielt) und zerstreut eine Anzahl Bronze-Fibeln mit je 2 verbundenen, spiralig gewundenen Drahtscheibchen von 1 cm Dm. lagen, wahrscheinlich die Schliessen eines Gewandes. Als Deckung dienten viele Steinfindlinge; Thongefässe fehlten ganz.

Ein zweiter Hügel war ganz aus zusammengelesenen Steinen erbaut und enthielt in 1/2 der Tiefe zwei Thongefässe, einen Krug, 14 cm hoch, mit 6 cm breitem Boden, bauchig, mit hohem Rand und Henkelchen, das aber den Finger nicht durchliess (wohl zum Durchziehen einer Schnur), roh von der Hand geformt, enthaltend Erde, Asche, Kohlenstückchen, Knochensplitter (ob von Menschen?), Steinchen, Mäuseknochen, 3 Schneckenschalen (Planorbis) und ein feineres Schüsselchen, gleichfalls mit kleinem Henkel und mit Randverzierung von feinen Linien; auch in diesem Aschen- und Knochenreste. Der Boden um die Gefässe zeigte auf Handtiefe gebrannte Erde und Kohlenreste, was, wie bei dem ersten Hügel, auf Leichenverbrennung schliessen liess.

Ein dritter Hügel enthielt nichts als einen Brandplatz mit einigen, spärlichen Steinen und Thonscherben; der vierte ergab in der Mitte ein etwa 1 m breites Häufchen Steine, darauf „einen hart wie Glasur gebrannten römischen Hohlziegel“, 36 cm lang, 11 cm grösster Breite, 5,5 cm Wölbungshöhe, unter den Steinen einige angebrannte menschliche Knochen. In welche chronologische Beziehung der römische Ziegel zur Errichtung des Grabhügels zu bringen ist, wird bei dem Mangel an sonstigen Anhaltspunkten unentschieden bleiben müssen. Wahrscheinlich ist er späterer Eindringling.

Weiter nordöstlich, bei

Honstetten

befindet sich zwischen dem genannten Orte und dem östlich gelegenen Korgenwies im Walddistrict „Frauenhau“ eine Gruppe von 8 Grabhügeln, von 15—25 m Dm.; 1872 unterwarf Mayer drei derselben der Untersuchung, wenigstens bei zweien mit bemerkenswerthem Erfolge.

Der erste zeigte mehrere, durch Erdwände getrennte Steinsetzungen von Findlingsblöcken; schon 30 cm tief stiess man in ihm auf einen grossen, runden, nach unten sich konisch erweiternden Kessel von Bronzeblech (ob. Dm. 40 cm, Bodendm. 32 cm, Randhöhe 10 cm); an zwei am Rande sich gegenüberstehenden, angenieteten, in der Mitte bedeutend verstärkten eisernen Spangen waren an demselben zwei eiserne Tragringe angebracht. Der Kessel war ursprünglich in einen Korb, von dem sich noch deutliche Geflechtstücke vorfanden, eingestellt und dann in eine Lehmschichte eingesenkt gewesen. Er enthielt viele, nicht bestimmbar ob menschliche Knochenreste und eine hohe Aschenschichte; der Boden von sehr dünnem Bronzeblech war (wie im Hügel von Salem, p. 8) zerstört. Der grössere Steinkegel barg die Scherben einer mächtigen, reich verzierten, birnförmigen Urne von 45 cm H. und 57 cm Weite, 30 cm Oeffnung und schmalem Boden. Auf der ockerrothen Grundfarbe theilten senkrecht verlaufende breite Bänder den oberen Theil des Gefässes in 5 Felder, welche abwechselnd mit Quadraten, Dreiecken und Winkelbändern, roth oder mit Graphit geschwärzt, zum Theil mit Reihen eingedrückter, kleiner Dreiecke, ausgefüllt waren (die wieder zusammengesetzte Urne im Fürstl. Museum von Donaueschingen). In der Urne hatten sich 4 kleinere, besonders fein bearbeitete und verzierte Gefässe befunden, eine kleine Schüssel von 12 cm H. und 14 cm Bauchweite mit schmalem Boden, die Ausweitung mit schrägen, abwechselnd rothen und schwarzen Bändern bedeckt, und 3 tassenförmige Schalen „mit kleinen ausgedrückten Vertiefungen im Boden, die ein Aufstellen auf Ringe (solche fanden sich indessen nicht vor) nöthig machten", verziert mit schwarzen Bändern auf rothem Grund.

Die andern Abtheilungen bargen Scherben ähnlicher Thongefässe, von denen grössere Stücke zusammengesetzt werden konnten. Zwei derselben, eines mit aufgemalten rothen Bändern (13 cm H., 21 cm Dm.), das andere in der Farbe des natürlichen Thons mit kräftig eingeritzter Verzierung (24 cm H., 34 cm Dm.) sind Taf. II. 17 und 18 abgebildet.

Der zweite Hügel war „aus einer grossen Steinmasse aufgebaut und enthielt weit ausserhalb der Mitte einen Brandplatz mit Thongefässen und dem Skelett eines Schafs, an dessen Hals eine grössere Anzahl knopfförmiger Bronzeverzierungen und ein eisernes Messer lagen".

In einer Thonschüssel befanden sich mehrere Bronze- und Eisenringe von 3—5 cm Dm. und 2 nagelförmig eingekerbte breite Eisenstücke von 10 cm Länge und unbekannter Bestimmung. In einem der Räume kamen neben Thonscherben auch noch Stücke von zweischneidigen Eisenschwertern und eine schöne Zierscheibe von Bronze zu Tage.

Der dritte Hügel ergab keine nennenswerthe Ausbeute.

Hattingen.

Zwei Stunden westlich von Honstetten, im sog. Gutenbühl, südwestlich von Hattingen, befindet sich eine Gruppe von 12 grösseren oder kleineren Hügeln. Einer derselben wurde schon Ende der 20r Jahre von dem damaligen Pfarrer Knittel theilweise untersucht, wobei er Thongefässe und ein Bronzeschwert gefunden zu haben angibt. Einen zweiten öffnete Mayer und entnahm demselben 10 Wagenladungen von Steinen (der Hügel hatte 10 m Dm. bei 1 m H.). Im nördlichen Theil legte er einen Brandplatz von 2 m Dm. bloss, mit hoher Auflagerung von Asche, Kohlenresten und Knochenstückchen. In der Mitte fand sich ein Lager zerdrückter Scherben von 11 theils in- theils nebeneinander liegenden Thongefässen; die inneren waren mit Asche und Knochenresten gefüllt. Daneben lag ein, ausser den oberen Theilen des Schädels ganz vermodertes Skelett. Somit muss der Hügel, wenn die Gefässe nicht Thierknochen enthielten, in seinem Innern Verbrennung und Bestattung vereinigt haben. Die Gefässe gehörten zur Gattung der farbig verzierten. Bemerkenswerth waren 2 kleine tassenförmige und 2 rothe noch kleinere Schalen. Ein 12 cm hohes „urnenförmiges" Gefäss war roth, mit Verzierung aussen unter dem Rand.

Nordöstlich von Hattingen, im sog. Windecker, untersuchte Mayer eine zweite Gruppe von 4 Hügeln, welche Leichenbrand enthielten. Bemerkenswerth war in einem derselben ein grösserer Brandplatz, auf welchem die Kohle von zwei fast 75 cm langen, an den Enden kreuzweise über einander liegenden Holzstücken in den lehmigen Untergrund eingedruckt war. Auf diesen Hölzern hatte eine schöne schwarze Graburne mit Aschen- und Knochenresten gestanden; alles war mit 10—12 meist grossen Steinen überlagert. Im Uebrigen auch hier die ähnlichen farbig verzierten Thongefässe; in einem der Hügel unkenntlich gewordene Eisenreste.

Waldhausen, b. Donaueschingen.

Viel weiter westlich, in der Gegend von Waldhausen, noch westlich von Donaueschingen, findet sich auf einer isolirten Anhöhe, der sog. „Windstell", eine Grabhugelgruppe, welche gleichfalls von Mayer untersucht wurde. Wir beschränken uns, auf die Funde einer der Grabstätten hinzuweisen, die, ein hübsches schwarzes Thonschüsselchen abgerechnet, durchaus Bronzen waren, nämlich 2 massive Fussringe, Ohrringe, ein massiver Leibring von 30 cm Dm., ein Gürtelblech mit getriebenen Verzierungen, concentrischen Kreisen, Zigzaglinien, Punkten, und ein zweites, besonders feines Stück eines Gürtelblechs von etwa zwei Hand-Grösse mit sorgfältig gepunzten Zierlinien im Tremolirstich (wie die Verzierung auf Thon Taf. I, 11), Fibeln von der Form Taf. V, 11—14, und Nadeln, davon eine mit rundem Kopf von Koralle (wie Taf. I, 17).

Waldshut.

In der Gegend von Waldshut am Rhein, wo ein neuer Waldweg von der alten Waldkircher Strasse in den Spitalwald hinaufführt und sich vom Spitalfeld wieder in den Wald hineinzieht, entdeckte Mayer einen kleinen Grabhügel von 10 m Dm. und 1,50 m H. Die Untersuchung desselben ergab eine unregelmässige Steinsetzung und in deren Mitte zwei Skelette, den Kopf gegen Süden, das östliche von einem Mädchen von 16—17 Jahren, mit noch gut erhaltenem Schädel. Auf dem Hals stand die Graburne, viele, zum Theil angebrannte, kleine Knochenreste (wovon?) enthaltend. Unter der Urne befand sich in der Halsgegend ein Bronzekettchen mit zierlichen, ovalen, in der Mitte des äussern Randes eingekerbten Gliedchen und 12 mm dicken Glasperlen, theils blau mit weissen Augen, in diesen blaue Tupfen, theils weiss mit blauen Augen, und einem tropfenförmigen verzierten Anhänger von Bronze, daneben einige Ringe von 17—20 mm äusserem Dm. aus 2 mm starkem Bronzedraht, und ein defecter hohler Halsring von Bronze mit eingravirter Verzierung von kleinen, concentrischen Kreisen und dem auf Taf. I, 23 dargestellten Verschluss. Ausserdem wurden noch 2 Armringe gleicher Construction, 2 weitere massive und 2 kleine, hohle, mit ineinander geschobenen Enden, alle von Bronze, gefunden.

Gurtweil.

Eine Stunde nordöstlich von Waldshut, in dem reizenden, durch eine neue Strasse erschlossenen Schlüchtthal, liegt das Dorf Gurtweil. Dort war 1873 auf einem Acker bei Wegschaffung einer Mauer ein leider verdorbenes Bronzeschwert gefunden worden, was Mayer den Gedanken nahe legte, es möchte einem Hügelgrabe angehört haben. Die 1883 angestellte Nachgrabung am Orte bestätigte die Vermuthung. Es fand sich von Steinen umgeben, 80 cm tief eine unverzierte, braune, birnförmige Urne, mit wenig ausgebogenem Rand und mit vielen, theilweise angebrannten Knochenresten gefüllt, dabei zwei gleich grosse, mit Zigzaglinien verzierte Schüsseln vom Typus Taf. III, 19; also ohne Zweifel ein Leichenbrand.

In der Nähe von Gurtweil entdeckte Mayer auch Spuren einer prähistorischen Niederlassung, welcher er verzierte Thonscherben und ein Bronzebeil entnahm. Ob das Grab in Beziehung zu ihr stand, wird offene Frage bleiben müssen.

Nenzingen, A. Stockach, und **Weizen**, A. Bonndorf.

Die Grossh. Alterthümer-Sammlung ist im Besitz von zwei Bronzefunden aus Grabhügeln, welche, obgleich die Fundberichte fehlen, doch der Vollständigkeit wegen hier Erwähnung verdienen.

Der eine, aus dem Jahre 1826, stammt aus der Gegend von Nenzingen, A. Stockach, wenig entfernt vom westlichen Ende des Ueberlinger Sees, abgebildet im Photographischen Album der Berliner Ausstellung von 1880, Sect. VII, Taf. 11. Er besteht aus einem Bronze-Schwert, 58 cm lang, mit flacher Griffzunge, an derselben 7 Stiftlöcher und mit gleichmässig breiter, in der Mitte fast bis zur Spitze stark gewölbter Klinge, einem Messer aus Bronze, mit dünnem Bronzegriff, oben einer Oese zum Durchziehen einer Schnur (L. 26,2 cm), 4 Bronzenadeln (L. 20 cm), mit fast runden Köpfen, 2 gewundenen dünnen Armringen und dem 15 cm langen, dünnen Bogen einer Fibula (?) von Bronze. Ausserdem gehört zu dem Funde eine aussen graphitschwarze Thonurne in Kürbisform, ähnlich Taf. II, 9 und 10 (13,5 cm H. bei 21 cm Weite), deren Oberfläche durch 3 Bänder von sanft eingedrückten senkrechten Linien in 3 Felder getheilt ist, in welchen grosse Dreiecke vom oberen sehr niederen Rand mit ihren Spitzen bis über die Ausbauchung hinabreichen.

Der zweite, nur aus Bronzen bestehende Fund stammt aus Weizen bei Stühlingen und gelangte 1879 durch Vermittelung Mayer's in die Grossh. Alterthümer-Sammlung. Er ist wiedergegeben im Photographischen Album der Berliner Ausstellung von 1880, Sect. VII, Taf. 13. Zu ihm gehört eine schöne, 73 cm lange, dünne, spitzig zulaufende Bronze-Schwertklinge, mit 2 Nägeln an dem halbkreisförmig abgerundeten Kopf (ohne Griffzunge) und scharfem, von oben bis zur Spitze in der Mitte durchlaufendem Grat. Aehnlich eine Dolchklinge von 11,8 cm L. mit 4 Stiftlöchern (ein Stift ist noch vorhanden) an dem halbkreisförmigen Kopfende. Dazu ein Bronzebeil (Celt), 19,3 cm lang, mit in der Mitte wenig aufgebogenen Schaftlappen, eine Haarnadel (L. 24,7 cm) mit flachem Kopf (s. L. Lindenschmit, Alterth. uns. heid. Vorzeit I, IV, 4, 7) und ein aus dickem Bronzedraht eigenthümlich haftenförmig gebogener Gürtelhaken (L. 16 cm) ohne weitere Verzierung.

Ihringen, bei Alt-Breisach.

Aus der Gegend des Kaiserstuhls, welcher wir uns nun, das obere Rheinthal abwärts schreitend, zuwenden, besitzt die Grossh. Alterthümer-Sammlung einen Grabhügel-Fund von 1859, welcher, bisher nicht veröffentlicht, einiger charakteristischer Stücke wegen Erwähnung verdient. Nach Berichten des Grossh. Bezirksamts Alt-Breisach und des Bürgermeister-Amts Ihringen nämlich wurden in dem Gelände südwestlich von Ihringen, auf welchem Prof. Schreiber[1] von Freiburg aus schon früher mehrere Grabhügel, die sog. Löhbücke, geöffnet hatte, bei Anlage von Wiesen und der dabei angeordneten Abtragung einer Erhöhung von etwa 30–40 cm, unter dem Boden ein menschlicher Schädel und andere Theile eines Skeletts gefunden. Unter den Beigaben werden Ueberreste von irdenen Gefässen genannt, „welche nicht des Sammelns werth erschienen". Um so beachtenswerther waren ein Armband aus Goldblech, 1,6 cm breit, in zwei Wülsten getrieben, mit 12 durch je eine Linie getrennten Reihen von innen nach aussen

[1] S. dessen Taschenbuch für Geschichte und Alterthum in Süddeutschland, 1839, p. 153 ff.

und von aussen nach innen eingeschlagener Punkte verziert (ähnlich den in der „Belle Remise“ bei Ludwigsburg, Württemberg, gefundenen goldenen Schmuckbändern, s. Photogr. Album der Berliner Ausstellung v. 1880, Sect. VII, Taf. 17), aus $22^{1}/_{2}$ karät. Golde[1]), und einige Bronzen: die Fragmente eines Eimers oder Hängekessels (Taf. VI, 1) mit einem ganzen und einem halben gewunden verzierten Bogenhenkel (Taf. VI, 2) — die Bogenhenkel fügen sich in je 2 Ringe ein, welche mit kreuzförmigen Bronzespangen an den Kesselrand angenietet sind; es gelang seitdem, den letzteren aus den Fragmenten ca. 5 cm breit im ganzen Umkreis (Dm. 22 cm) wieder herzustellen, leider ohne aus der so gewonnenen Form desselben auch auf Tiefe und untere Gestaltung des Gefässes schliessen zu können[2]) —, ferner zwei Bruchstücke eines weiteren, dünnen, gewundenen Bogenhenkels mit Oesen an den eichelförmig verzierten Enden, Taf. VI, 3 (Länge der Eicheln mit Oesen 4,4 cm), dann viele kleine Fragmente eines zweiten Kessels von dünnem Bronzeblech mit eingeschlagenen kleineren und grösseren Ringen und Punkten, mit Reihen kegelförmig zugespitzter Knöpfe am Rand und mit abwärts gebogenen, durch Bronzestifte befestigten Griffen von stärkerem Blech, Taf. VI, 10; dazu grosse, glatte Stücke eines dritten Kessels, ähnlich dem Taf. III, 21 abgebildeten, welche den Findern von einem Harnische herzurühren schienen, ein Halsring mit bauchigem Knopf an der Schliesse, Taf. VI, 4 (Dm. 14,5 cm), mehrere Armringe, Taf. VI, 5—8, und endlich eine zierliche Fibula (L. 5 cm) mit zurückgebogenem entenkopfförmig endigendem Fuss[3]), Taf. VI, 9.

Es mag an dieser Stelle noch eines von Schreiber (Taschenbuch 1839, p. 173) in einem der Löhbücke gemachten Fundes gedacht werden, nämlich eines „bronzenen Kessels von 60 cm Dm. und 30 cm H., welcher „einen halben Ohm Getränke aufgenommen haben mochte. Er stand zu den Füssen eines Skeletts, welches von Osten nach Westen lag und links neben sich noch Bruchstücke einer eisernen Lanze und in der Lendengegend eine Schnalle von gleichem Metall hatte. Offenbar das Grab eines Kriegers. Der Kessel hatte zwei massive Handhaben von Bronze mit niedlichen Kettchen von gleichem Metall und zwei grosse Tragringe von Eisen. In der Mitte stand das Schöpfgefäss, welches (offenbar gleichfalls aus Bronze) grösstentheils zerstört ist, während der Kessel selbst, mit Ausnahme des Bodens, noch wenig Schaden gelitten hat.“[4]) (In Schreiber's Nachlass waren noch mehrere ähnliche Kessel vorhanden; sie wurden als altes Kupfer verkauft!)

Gündlingen, A. Breisach.

Die „Löhbücke“ ziehen sich von Ihringen südlich gegen Gündlingen hin, um sich in der Nähe des letzteren Orts mit einer weitern Gruppe von Grabhügeln im südlich gelegenen Walde „Brandholz“, und einem mächtigen einzelnen Hügel, dem „Zwölferbuck“ (auch schon von Schreiber,

[1]) Nach Schreiber's Taschenbuch 1839 p. 167 kamen von „Gold bei Gündlingen und Ihringen auch Haarnadeln vor, deren Köpfe viereckig, hohl und von beträchtlicher Grösse waren“.

[2]) Aehnlich bei v. Sacken, Grabfeld von Hallstatt, Taf. XXIII, 7.

[3]) Dieselbe v. d. Schwäb. Alb bei Urach, s. Photogr. Album d. Berliner Ausstellung v. 1880, Sect. VII, 20; aus Ungarn, b. Hampel, Antiqu. Préhistor. de la Hongrie 1877, II, Taf. XVI, 7; aus d. Vogtland im Phot. Album d. Berliner Ausst., Sect. VI, 25; ähnlich bei Sinsheim, s. Wilhelmi, deutsche Todtenhügel bei Sinsheim, Taf. IV, 10.

[4]) Ein prächtiger Bronzekessel, kugelig ausgebaucht, mit angenietetem cylindrischem Hals (45 cm Dm. 30 cm H.) wurde neuestens (Mai 1885) bei Erdarbeiten zur Correction eines Bachs bei Emmendingen in dem ehemaligen Schlamm eines alten Wasserlaufs, welcher 1,7 m hoch mit alluvialen Bildungen überlagert ist, durch Ingenieur Stolz gefunden und der Grossh. Alterthümer-Sammlung übergeben. Der umhüllende Thon, sowie die innen anhaftende Russschicht hatte den Kessel, der wie neu aussieht, vor Oxydation geschützt. In demselben lagen drei 1,40 bis 1,65 m lange, aus langen gewundenen Gliedern bestehende Eisenketten, mit welchen er aufgehängt war (solche Ketten bekannt aus den Funden von la Tène, s. Vouga, les Helvètes à la Tène, Neuchatel 1885, Pl. XVIII, 17).

Taschenbuch 1839 p. 138, genannt, aber bis jetzt nicht untersucht) im Walde bei Mördingen, nahe zu berühren[1]).

Die Gruppe im Brandholz besteht aus 8—9 zerstreut liegenden Hügeln, von denen die nördlichen schon durch Schreiber untersucht worden sind. Von den 3 südlichen ungefähr gleich grossen im Dreieck nahe zusammen liegenden wurde der westlichste, der bei 1,50 m H. 33 m im Dm. mass, im Juli 1880 von mir geöffnet; die Ausgrabung, welche damals durch den Besuch S. Kgl. Hoheit des Erbgrossherzogs geehrt wurde, gewann besonderes Interesse durch die erhebliche Anzahl der bei derselben zu Tage geförderten Thongefässe.

Zunächst stiess man schon in 30 cm Tiefe, 4,5 m von der Mitte gegen Süden entfernt, auf eine grosse runde sehr flache Schüssel von röthlichem Thon, ungefähr von der Form Taf. III, 15 (10 cm H., 41,5 cm Dm.). In derselben lagen kleine, anscheinend unverbrannte Knochenstückchen ohne Asche (wahrscheinlich Thierknochen), unter der Schüssel Scherben von zwei weiteren rohen Thongefässen, von welchen eines bei theilweiser Restauration 42 cm Weite zeigt; darunter drei Steine von 20—30 cm Länge; keine Kohlen. Erst in etwa 70 cm Tiefe zeigte sich von demselben Punkt aus westlich hin eine ziemlich ausgedehnte Kohlenschichte, wieder 40 cm tiefer eine zweite weniger bedeutende. Ungefähr in der Mitte der ersteren lag ein Stuck von einem menschlichen Schädel, und 20 cm tiefer, nicht weit entfernt, kamen dazu weitere Schädelbruchstücke und mehrere grössere aus ihrer ursprünglichen Lage gebrachte Knochen; es schien also Bestattung, nicht Leichenbrand, constatirt. Ungefähr in der Tiefe des gewachsenen Bodens lagen 4,50 m westl. von der Mitte einige Bronzestücke, von denen nur drei Haarnadeln (L. 17 cm) von der Form Taf. III, 20 noch kenntlich geblieben waren. Sonst zeigten sich keine Spuren von Metall. Dafür grenzte unmittelbar westlich ein ganzes Conglomerat zerdrückter Thonscherben an, welches von einer ursprünglich wahrscheinlich links vom Leichnam aufgestellten Gruppe von Gefässen herrühren musste, deren Anordnung sich nicht mehr genauer erkennen liess. Die Zusammenfügung der Fragmente ergab folgende Formen: 1) 2 Exemplare der gedrückt birnförmigen Urne Taf. III, 14 mit ziemlich weiter, von kurzem, nach aussen gewendetem Rand begrenzter Oeffnung, ganz graphitschwarz mit einfacher Linienverzierung (H. 24,5 und 18,5 cm), 2) das Gefäss III, 9 (H. 19 cm), von röthlichem Thon, mit hohem Hals und hohem Rande, 3) das hübsche weitere, III, 10, mit gedrückt birnförmigem Körper und breitem, flachem, mit leicht eingedrückten Kreislinien verziertem Rand, durchaus graphitschwarz (H. 10 cm., ob. Dm. 28 cm), 4) ein farbig verziertes bauchiges Gefäss III, 17, so ziemlich von der Form 14 (Fuss fehlt, H. 13,5 cm) mit roth und schwarzem Schachbrettmuster und parallelen Linien am Hals, 5) sechs Schüsseln von der Form III, 15 und verschiedener Grösse von 17—30 cm Dm., innen und aussen graphitschwarz, auf der ganzen Innenseite oder nur am Rande mit sanft eingedrückten Linien gezeichnet, 6) 3 Paare (bemerkenswerth ist, dass überhaupt einzelne Formen je in 2 gleichen Exemplaren vertreten sind) birnförmig aufsteigender grosser Schalen (Dm. 28,5, 22 u. 21 cm), die von mittlerer Grösse III, 14, roth, innen mit schwarzem Band um Mitte und Rand, aussen mit schwarzen senkrechten Bändern verziert, eine kleinere solche Schale (Dm. 12,7 cm) III, 12, aussen und innen graphitschwarz, und drei weitere noch kleinere (Dm. 9—10,5 cm) III, 13, ebenfalls schwarz und mit einem kleinen aufrechten Henkel versehen, 7) zwei rothe Näpfe mit je einem Henkel, von der Form III, 11, (H. 11 cm), davon einer mit kleiner Strichverzierung am Rande wie II, 4. a., 8) ein kleines bauchiges Gefäss mit hohem Rand, III, 10, gleichfalls graphitschwarz und mit einem Linienbande verziert, 9) Bruchstücke von fünf weiteren in der Form nicht mehr sicher erkennbaren Gefässen, von denen eines (III, 32) als primitive Zier 2 Reihen einfacher Fingereindrücke zeigt, während ein anderes (III, 18) durch besonders seltene Form überrascht und bedauern lässt, dass es aus den vorhandenen Stücken nicht vollständiger zusammengesetzt werden

[1]) Ueber die Grabhügel von Gundlingen, s. auch M. de Ring, Tombes celtiques de l'Alsace, Strasburg, E. Simon 1870.

konnte. Der Boden des thonbraunen, mit eingeritzten Zigzaglinien ornamentirten Gefässes ist nämlich flach, mindestens 16 cm breit und wahrscheinlich von beträchtlicherer Länge, dabei auf der vordern Kante gerade abgeschnitten, so dass hier keine Wandung angesetzt haben kann, wie auf beiden Seiten und dem einen Bogen bildenden hinteren Theil. Die auf einer Seite von unten herauf noch erhaltenen, mit gestrichelten Dreiecken verzierten Wände erheben sich vom Boden an schief nach innen, so dass das Ganze sich nach oben verjüngen musste. Dazu deuten die beiden beigezeichneten verzierten Randstücke auf eine von beiden Seiten her nach vorne verlaufende, zum Ausguss dienende Zuspitzung des Randes. Für die Erklärung der räthselhaften Form fehlt uns bis jetzt jede Analogie[1].

Somit waren, einzelne rothe Scherben, welche zerstreut gefunden wurden, ungerechnet, dem

---

[1] Der Wunsch, vielleicht noch ein zweites solches Gefäss in besserer Erhaltung zu gewinnen, gab die Veranlassung, während Abfassung der vorliegenden Arbeit auch noch die beiden andern südlichen Gündlinger Hügel auszugraben. Bei der auffallend grossen Feuchtigkeit in ihrem Innern war die Arbeit in dem lehmigen Boden schwierig und die Erhaltung der Fundobjecte sehr gefährdet. Mit der Restauration der letzteren, soweit sie möglich ist, ist man noch beschäftigt; vorläufig ergibt sich das folgende, nicht unbedeutende Resultat: Im ersten der beiden Hügel lag die Bestattung wenig südlich von der Mitte in der Tiefe des gewachsenen Bodens, weiter nach oben ausser mit Erde auch mit einer Anzahl grösserer unregelmässig hineingeworfener Steine bedeckt. Sie kennzeichnete sich durch eine ziemliche Menge zusammengedrückter Thonscherben, unter welchen, leider sehr zerstört, noch die Reste von vier Bronzegefässen lagen. Wenige Kohlenreste einerseits und ein unbedeutendes Knochenstückchen andererseits liessen es unentschieden, ob Leichenbrand stattgefunden habe oder nicht. In der Nähe fand sich eine kleine durchlochte Bernsteinperle und in entgegengesetzter Richtung von der Mitte eine zweite kleinere Ansammlung von Thonscherben. Zu den bis jetzt zusammengesetzten Thongefässen gehören 3 auffallend flach gedrückte bombenförmige Urnen mit farbiger dunkelroth und schwarzer Verzierung, Schachbrettmuster und Linienornament, — leider nur noch wenig deutlich, da die Farbe durch die grosse Nässe sehr gelitten hat — (eine der Urnen ist 23 cm hoch, mit 4 cm hohem Rand, bei 36 cm grösster Weite), ferner 2 grössere (Dm. 21,5 cm) und 2 kleinere schwärzliche halbkugelige Schalen. Von den Bronzegefässen ist eines ein grösserer Kessel mit Tragringen, ein anderes eine weit geöffnete Schale, mit in Kreisen angeordneter, welliger Verzierung; zwei kleinere sind Schöpfgefässe, eines, das in einer der Thonurnen gelegen hatte, mit schlangenförmig abstehendem, dünnem Griff. Die zwei ersteren ruhten auf Stücken von Holz, wahrscheinlich Lindenholz, und enthielten noch nachweisbare Reste von Stengeln und Blättern von Gräsern; in oder neben einem derselben fand sich ein 1,7 cm breiter, schwärzlicher Armring aus mineralischer, wahrscheinlich künstlich aus sandigem Thon, mit kohligen oder bituminösen Stoffen hergestellter Substanz.

Der zweite Hügel enthielt keine Steine, aber 2 m östlich von der Mitte einen grossen Brandplatz mit Kohle, Asche, calcinirten Knochenstücken und Thonscherben; 1,20 m südlich eine schwarze Urne, von der Form Taf. III, 14, mit Asche und calcinirten Knochenstückchen, daneben Scherben anderer Gefässe; 1,20 m nordwestlich neben einigen weiteren Scherben ein Bronzeschwert. Von den bis jetzt zusammengesetzten Thongefässen haben die 4 grössten die Taf. III, 9 angegebene Form, mit steil aufsteigendem, niederem oder höherem Trichter (4—7 cm) und höherem oder gedrückterem Körper; eines derselben ist farbig verziert, zwei andere zeigen dieselben Zeichnen wie III, 9. Zwei 13 cm hohe (wie Taf. II, 4, a. am Rande verzierte), rohe Töpfe sind dem Typus Taf. III, 11, nur mit geringerer Ausbauchung, nachgebildet; zu ihnen scheinen konische, mit Knöpfen endigende Deckel, welchen wir hier erstmals begegnen, zu gehören. Zwei Schüsseln sind von der Form Taf. III, 15, nur mit grösserem Boden (Bodendm. 12 cm, Oeffnung 23 cm, H. 9 cm), 3 kleinere Gefässe, zwei derselben verziert, eines mit einem Henkel, zeigen die Gestalt III, 10; ein kleines, rohes, halbkugeliges Schüsselchen besitzt einen sehr breiten, fast wagrechten, mit rothen und schwarzen Dreiecken verzierten Rand; wenigstens 8 weitere Gefässe harren noch der Zusammensetzung; leider ist der Wunsch, ein besseres Exemplar von der Form Taf. III, 18 zu erhalten, nicht in Erfüllung gegangen. Das Bronzeschwert zeigt eine sehr kurze (L. 6,5 cm) Griffzunge mit 7 Nieten; die Klinge ist 51 cm lang, von der Griffzunge abwärts schmaler, dann wieder breiter werdend und allmählig spitzig auslaufend. Vorhandene Reste der Substanz der die Griffzunge deckenden Schalen (der Knopf fehlt ganz) sind nach der Untersuchung von Prof. Just knochenartig (Knochen, Horn oder Elfenbein); merkwürdiger Weise ist aber zwischen diesen Schalen und dem Erz der Griffzunge beiderseits eine Lage von Leinengewebe zu feinstem Gefüge noch ganz deutlich wahrzunehmen. In kleinen, stark verwesten Resten der Scheide, welche auf der Klinge erhalten geblieben waren, erkannte Prof. Just eine fein faserige Gewebestructur, mit ziemlich regelmässig abgelagerten Ausscheidungen eines eigenthümlichen, jetzt braunen Pigments. Die Masse ist wahrscheinlich thierischen Ursprungs, dann wohl Leder, vielleicht auch ein pflanzliches Gewebe. Bei der Feinheit der Fasern könnte man fast geneigt sein, an Seide zu denken. Besonders erfreulich war, noch an ursprünglicher Stelle das Ortband der Scheide von Bronze, mit zwei kräftig nach aussen gebogenen Flügeln zu entdecken (ein gleiches von Schwetzingen in dem Photogr. Album der Berliner Ausstellung v. 1880, Sect. VII, Taf. 10, andere bei Lindenschmit, Alterthümer uns. heidn. Vorzeit, Bd. III, VI, B, bei Sacken, Grabfeld v. Hallstatt, Taf. XIX, 10).

Man beachte auch hier, bei drei äusserlich ganz gleichen, unmittelbar bei einander stehenden Hügeln in dem einen Begräbniss, in dem anderen Leichenbrand; in allen dreien Thongefässe desselben Typus, aber doch in jedem wieder besondere Modificationen analoger Formen.

Todten nicht weniger als 20 Thongefässe verschiedener Form mitgegeben worden. Vom Inhalt derselben war alle Spur verschwunden; da nach der Lage der Scherben etliche Gefässe ineinander gestanden haben mussten, so konnten sie wenigstens nicht alle mit irgend einem Inhalt gefüllt gewesen sein.

Buchheim, A. Freiburg.

Gleichfalls am südlichen Abhang des Kaiserstuhls erhebt sich auf einem ebenen Wiesengelände unmittelbar südlich von Buchheim, zwischen dem Orte und Hugstetten, ein grosser sanft ansteigender runder Grabhügel mit den ungewöhnlichen Dimensionen von 120 m Dm. bei fast 4 m H. Nur 50 Schritte entfernt ist ein zweiter kleinerer mit 46 m Dm. bei 1,20 m H., und nicht weit weg im Ackerfelde scheinen ähnliche, wenn auch unmerklichere Erhebungen auf das Vorhandensein von noch wenigstens zwei weiteren hinzudeuten. Die lohnende Ausbeute, welche die Gegend bisher gewährt hatte, musste es besonders wünschenswerth erscheinen lassen, den Inhalt so grosser Hügel kennen zu lernen, und so war es dankbar zu begrüssen, dass im April 1884 zunächst der kleinere der beiden mit freundlich gewährter Erlaubniss des Besitzers, des Freiherrn von Mentzingen, geöffnet werden konnte. Man stiess in demselben schon in geringer Tiefe auf eine die Mitte auf der südlichen und westlichen Seite umgebende Steinsetzung von grösseren und kleineren unbehauenen Stücken, die sich bis auf den Grund unregelmässig zusammengeworfen fortsetzte. Mitten in den Steinen lagen in 80 cm Tiefe einige unverbrannte menschliche Knochenstücke und in deren Umgebung sehr zerstreut eine ziemliche Zahl kleiner Fragmente von Bronze und Eisen, manche ganz eigener Art, aber leider so sehr zerstört, dass ihre Deutung kaum mehr möglich war. Viele Stückchen von mit Reihen kleiner getriebener Buckeln verziertem Bronzeblech hatten ohne Zweifel einem Gefässe angehört; ein kleines Toiletteninstrument von Bronze (ähnlich dem Stängchen II, 7) zeigte noch die Reste eines zierlichen Griffs von Elfenbein; Bronzeringchen von 1,8 cm Dm. waren mit Eisenbändchen an runde Stücke von Bein befestigt; ein gedrehtes Stückchen von Bein war vielleicht gleichfalls der Griff eines kleinen Bronzewerkzeugs; ein Stück Eisen machte den Eindruck des Fragments einer Trense; andere Eisenstücke waren nicht zu deuten. Besonderes Interesse gewährten die Scherben von zwei anscheinend gleichen aussergewöhnlich fein gearbeiteten kleinen birnförmigen Thonurnen von 10 cm Weite, um deren Hals sich (s. Taf. III, 8) in zierlichem Mäandermuster ein in Linien eingeritztes schwarz und roth gefärbtes Band hinzog. Der niedere Gefässrand war schwarz, den rothgelben Fuss begrenzte nach oben ein schmaler braunrother Streifen. In eine der Urnen war noch eine kleine, sehr dünnwandige, graphitschwarze, halbkugelige Schale eingelegt gewesen. Viele Reste von vermodertem Holz erschienen zu sehr zerstreut, um in ihrer Bedeutung erkannt zu werden; etliche Thierknochen, u. a. ein Unterkiefer, hatten einem Hunde angehört, der demnach dem Herrn oder der Herrin mit ins Grab gegeben worden war. Brandreste zeigten sich nicht; Bestattung, nicht Verbrennung, war ausser Frage.

Die Untersuchung des grossen, mehreren Besitzern von Buchheim gehörigen Hügels verzögerte sich bis Anfang Novembers und blieb auch dann der grossen Ausdehnung der Arbeit wegen auf die Aushebung der mittleren Region beschränkt. Die Hoffnung, etwa ein fürstliches Einzelgrab zu finden, verwirklichte sich nicht, denn es zeigte sich bald, dass der Hügel mehreren Personen als Ruhestätte bestimmt gewesen war; immerhin ergab er ein in vieler Hinsicht interessantes Resultat.

In den oberen Schichten lagen einzelne rohe Gefässscherben, manchmal mit Reihen von Fingereindrücken verziert, und Stein- und Kohlenreste zerstreut. Sehr bald stiess man, etwa 4 m westsüdwestlich von der Mitte fast unmittelbar unter der Oberfläche, auf eine ca. 40 cm tiefe und 1—2 m breite Lage von grösseren und kleineren unbehauenen rothen Sandstein-tafeln, wie sie eine halbe Stunde entfernt noch jetzt gebrochen werden; dieselbe senkte sich westlich allmählig, einem gepflasterten Wege nicht unähnlich, bis zu 1,50 m Tiefe hinab, um hier auf eine aus ebensolchen rothen Sandsteinen unregelmässig aufgehäufte Steinsetzung von überraschend grosser Ausdehnung zu stossen; diese stellte ungefähr ein längliches Rechteck, auf der Oberfläche wenig convex, vor und mass über 10 m von W. nach O. und 6 m von N. nach S., mit einer durchschnittlichen Mächtigkeit von 70—90 cm. Unter ihr folgte eine 1 m starke Schichte sandigen Lehms ohne alle Einschlüsse und diese wieder ruhte auf einer zweiten noch mächtigeren Steinsetzung von 10—11 m ins Gevierte und etwa 1 m Mächtigkeit, für welche der gewachsene Boden einst etwa 30 cm tief ausgehoben worden war. Man hatte zuerst längs der nördlichen und südlichen Grenzlinie Dämme von Steinen, mit grösseren Platten nach beiden Seiten abgedacht, aufgerichtet und dann den Zwischenraum mit Steinen ausgefüllt. Der rothe Sandstein sah frisch und rein aus wie am ersten Tag; dadurch, dass einzelne Lagen zusammengefallen waren, bildeten sich theils in der Steinsetzung selbst, theils in dem darüber anstehenden Lehm oft armlange Höhlen, die freilich der Natur der Sache nach die in sie gesetzten Erwartungen nach Funden nicht bestätigten.

Unter und neben diesen Steinen zeigten sich nun die Reste von sechs Bestattungen (nirgends Leichenbrand) in folgender Art vertheilt:

Ziemlich in der Mitte des Hügels lagen innerhalb der unteren Steinsetzung, unmittelbar auf Steinen ruhend und von solchen bedeckt, die noch spärlichen Knochenreste zweier Begrabenen, der eine von N. nach S., der andere von W. nach O. gelegt. Neben dem einen fanden sich Reste einer eisernen Speerspitze, und zu seinen Füssen, ähnlich wie im kleineren Hügel, eine Anzahl merkwürdiger, wohl irgend einem oder mehreren nicht mehr zu erkennenden Ganzen angehöriger Bruchstücke aus Bronze, Eisen, Elfenbein und wahrscheinlich Holz. Von Bronze waren es Knöpfe in den 3 Formen Taf. III, 4, von a. 4 Stücke (3 cm Dm.), von b. ein Stück (2,8 cm Dm.), von c. 10 Stücke (2 cm Dm.), vielleicht Bekleidungsreste, ferner Fragmente von Blech, wohl von einem Gefäss, darunter ein mit kleinen Buckeln verziertes Beschlägstück Taf. III, 6; von Eisen Ringe (Dm. 3,8 cm) und andere nicht mehr bestimmbare Bruchstücke; von Elfenbein drei 4 cm lange, gedrehte, mit Wülsten gezierte, hohle Stücke von der Form Taf. III, 5, in welchen mit noch vorhandenen Bronzestiften ein unbekanntes Etwas befestigt gewesen sein musste, für welches bis jetzt keine Deutung gefunden ist. Bei dem anderen konnte ausser einem dünnen Elfenbeinringchen (Dm. 2,5 cm) und einem wenig entfernt liegenden Wildschweinkiefer nichts weiter gefunden werden. Anders erschien 3—4 m westlich eine dritte Bestattung. Es war ein noch ziemlich erhaltenes Skelett mit dem Schädel eines älteren Mannes, das auf einem rechteckigen 2—3 cm dicken Holzbrett von leuchtend braunrother Farbe, aber in dem vollkommen pulverigen Zustande nicht mehr erkennbarer Holzstructur, auf dem gewachsenen Boden noch unter der Steinsetzung lag (der gewachsene Boden war Rheinkies; wenig tiefer zeigte sich Grundwasser). Zwei eiserne Speerspitzen, zum Theil noch mit Resten der in den Tüllen durch Bronzestifte befestigten Holzschäfte[1]), waren die einzigen Mitgaben. Der Leichnam war unmittelbar mit Steinen bedeckt worden, denn an der Unterseite einer auf die Brust gelegten Steinplatte klebten noch Stücke der Rippen an.

Die drei weiteren Begräbnisse fanden sich nicht wie die bisherigen unterhalb der beiden Steinsetzungen, sondern schon in 1,50 m Tiefe an den Rändern der oberen derselben. Hier zeigte sich zuerst längs des Südrandes wieder ein wagrecht liegendes, wenig nach oben gewölbtes Holzbrett von 2,50 m Länge und 1 m Breite, dazu aber diesmal der Länge nach zu

[1]) Nach der Untersuchung von Prof. Just ist die Holzsubstanz fast ganz verschwunden und durch Eisenoxyd ersetzt, welches die Structur des früheren Holzes angenommen hatte. Mit einiger Sicherheit lässt sich nur sagen, dass es Laubholz gewesen ist.

beiden Seiten je ein aufrechtes, 45 cm breites, oben in geschweifter Linie geschnittenes Seitenbrett, alles von jener auffallend rothen Farbe. Auf dem wagrechten Bodenbrett lagen an seinem östlichen Ende noch kleine Stücke eines menschlichen Schädels und daneben die wohlerhaltenen 34—36 cm langen Eisenspitzen dreier offenbar ursprünglich zusammengebundener Speere von der Form Taf. III. 7. Ferner traten längs des Ostrandes der oberen Steinsetzung in der nordöstl. Ecke, wieder auf wagrechtem Holzbrett, aber ohne Seitenwandung, liegend, stark vermoderte Reste eines Skeletts zu Tage. Zu Füssen desselben fanden sich, noch auf dem Brett, die zerdrückten Scherben eines schönen, farbig verzierten Thongefässes von 35 cm Weite bei 23 cm H., etwas gedrückt birnförmig, mit kurzem, auswärts gewendetem, schwarzem Rand, auffallend dünnwandig und von reicher, in den Farben fein gestimmter Ornamentirung, wie sie auf Taf. VII in thunlicher Treue wiedergegeben ist. In der Urne lag ein feines, graphitschwarzes, halbkugeliges Schälchen von 10 cm Weite. Rechtwinklig auf diese Beisetzung stiess endlich längs des Nordrandes der oberen Steine eine sechste mit noch eben kenntlichen Resten von Knochen des Schädels und der Beine. Auch diese lagen auf einem Holzbrett; diesmal liessen sich aber nicht nur längs der Langseiten, sondern auch vorn und hinten senkrechte rechteckige Seitenwände von 15 cm Höhe, zusammen eine rechteckige Kiste oder die Holzauskleidung eines Grabes bildend, constatiren. Ob eine Deckplatte vorhanden gewesen, liess sich nicht mehr sicher erkennen, da spärliche heller gefärbte Holzreste, welche über den Beinen lagen, dieselben nicht ganz zu bedecken schienen und sich so wohl auch anders erklären liessen. Zu Füssen der Leiche, noch innerhalb der Bretter, standen, und zwar diesmal noch unversehrt, da die schützende Lehmdecke nur allmählig eingesunken sein musste, die 3 Thongefässe Taf. III. 1—3, in der dort gezeichneten Lage, das mittlere (1), eine zierliche, reich farbig mit rothen und graphitschwarzen Bändern geschmückte Urne von 19,5 cm H. und 21 cm Weite, von den beiden seitlich stehenden Schalen, jede mit 7 cm H. und 15,5 cm Weite, die eine (2) aussen graphitschwarz, innen mit schwarzem Rand und einfachen Zierlinien, die andere (3) ganz mit Graphit geschwärzt. Merkwürdig war noch unmittelbar neben dieser Bestattung ein 2,10 m tief senkrecht in den Lehm hinabgehendes, cylindrisches Loch von 4 cm Durchmesser. Es war die hohle Form einer ursprünglich hineingesteckten Holzstange, vielleicht eines Speers, von welcher selbst freilich sonst jede Spur verschwunden war.

Fügen wir noch hinzu, dass da und dort unter den Steinen sich Knochen- und Kieferstücke vom Wildschwein in auffallend guter Erhaltung zeigten, so war damit wenigstens die Mitte der merkwürdigen Begräbnisstätte soweit thunlich erforscht. Allerdings blieb die Möglichkeit nicht ausgeschlossen, dass der Hügel noch weitere Bestattungen barg; nach Lage der Dinge musste aber zunächst auf weitere Grabung verzichtet werden.

Malterdingen, A. Emmendingen.

Am Westabhange des Schwarzwalds, der nördlichen Spitze des Kaiserstuhls gegenüber, befindet sich in dem der Gemeinde Malterdingen gehörigen Buchenwald-District „Pfannenstiel" auf einer leichten Abdachung gegen das Rheinthal ein im Volke unter dem Namen „Heidengrab" bekannter Grabhügel von 27 cm Dm. und 3 m H., welcher 1864 von Dehoff untersucht wurde. Er bestand, wie der Fundbericht sagt, dem wir das Wesentliche entnehmen, aus Lehm, welcher der den Hügel umgebenden Vertiefung entnommen zu sein schien, gemischt mit eingeworfenen Steinen, an welchen zum Theil Spuren von Feuereinwirkung sichtbar waren. Ob die Thonscherben, die sich vorfanden, in dem Hügel zerstreut gefunden wurden, ist nicht bemerkt. Dagegen zeigten sich an vielen Stellen (Dehoff nennt 18) Kohlen- und Brandspuren, und in deren Nähe rohe Stücke verschiedenfarbigen Feuersteins, eines mit natürlicher Durchbohrung wie Taf. V, 6, und eigenthümlich flache Sandstein-Tafeln, welche für Schleifsteine gehalten werden konnten. Gegen Süden hin war eine Brandstätte, und „unmittelbar unter derselben fanden sich menschliche Knochenreste in kleinen zerreiblichen Fragmenten“, aber doch noch so deutlich, dass die Stelle des gegen Westen gelegten Kopfes erkannt und aus der Gestalt der Zähne etc. auf die Bestattung eines 17—18jährigen Mädchens geschlossen werden konnte. In der Nähe des Kopfes lagen 3 Haarnadeln von Bronze, die eine noch 9 cm lang, von der Form Taf. V, 16, die beiden anderen viel kleiner, 3,7 cm lang, mit kleinen vollen Köpfen. Die Gegend der Hüften deckte ein Gürtelblech von Bronze mit gestanzten Verzierungen, Taf. II, 16, 12,5 cm breit, und vermoderter lederner Unterlage; am Ende desselben war der Verschluss mit Häkchen und Ringchen noch im Lehm abgedrückt sichtbar. Die Gelenke der über die Brust gelegten Hände hatten zwei dünne hohle Armringe von Bronze mit spärlicher Endverzierung umspannt; an den Knöcheln lagen zwei grössere massive, glatte Fussringe, ebenfalls von Bronze. Bemerkenswerth war noch in der Nähe der Skelettreste eine zierliche, 4 cm lange Pfeilspitze von weisslichem Feuerstein. Thonscherben stammten von dickwandigen, rohen Gefässen; eines von rohem, schwarzem, mit Kieselstückchen gemischtem Thon ist fast kugelig (11 cm Dm.), mit aufsteigendem Hals und einerseits einem, andererseits zwei neben einander stehenden aufrechten Henkeln mit zum Durchziehen einer Schnur eben ausreichender Oeffnung.

Ein zweites kleineres solches Gefäss (mit ebenem Boden) hat nur 6,5 cm Dm. Endlich fehlt auch nicht das schwarze halbkugelige Schälchen mit 10,5 cm Weite und auffallend dicker Wandung.

Kappel a./Rhein, A. Ettenheim.

Den Kaiserstuhl gegen Norden verlassend, treten wir in die Rheinebene ein, auf deren auffallende Armuth an Hügelgräbern bereits hingewiesen worden ist. Das Wenige, was bis jetzt dort entdeckt und untersucht werden konnte, hat sich dafür um so beachtenswerther und wichtiger erwiesen.

Zunächst befindet sich zehn Minuten nördlich von Kappel a. Rhein auf freiem Ackerfelde eine ziemlich kreisrunde Erhöhung von 75 m Dm. und etwa 2½ m H., über welche von W. nach O. mehreren Besitzern gehörige Ackerstreifen streichen. Einer der Bodenbesitzer, ein Ziegler, benützt sein Gelände zum Abgraben des fetten Lehms, aus welchem die ganze Erhöhung besteht, um daraus Ziegel zu bereiten. Nachdem sein Einschnitt bis gegen die Mitte gelangt war — wir geben die Fundgeschichte wieder, weil sie in mehrfacher Beziehung von Interesse ist — stiess einer seiner Arbeiter im Februar 1880 in etwa 1,60 m Tiefe auf Stücke verarbeiteten Goldes, die er freilich zuerst als solche nicht erkannte und so wenig beachtete, dass Fragmente derselben leider unwiederbringlich verloren gegangen sind. Kleineren Stücken von Bronze und Eisen, welche zu gleicher Zeit sich zeigten, wurde begreiflicher Weise noch weniger Aufmerksamkeit geschenkt. Ein Jude hörte von dem Fund, prüfte die Stücke, bot für sie 10 Mk., und als der Besitzer darauf nicht eingehen wollte, 25 Mk., mit der Bemerkung, er möge doch beachten, dass, wenn man in Karlsruhe von den Dingen hören würde, er alles an den Staat gezwungen „ohne Entgelt“ abzuliefern hätte! Glücklicherweise blieb der Besitzer unerbittlich, und es war nun der Umsicht des Grossh. Bezirksamts Ettenheim zu danken, dass der Goldfund, dessen Metallwerth etwa 900 Mk. betrug, der Grossh. Alterthümer-Sammlung vorgelegt und von ihr erworben werden konnte. Derselbe machte es unzweifelhaft, dass man es dort mit einem Grabhügel zu thun haben musste, der nach seinen Dimensionen und seinem Inhalt den „Fürstengräbern“ zuzuzählen war. Die unmittelbar nachfolgende Untersuchung bestätigte dies, wenn sie auch zu dem bedauerlichen Ergebniss führte, dass gerade der wichtigste Theil der Bestattung, nämlich eben die Stelle, wo das Gold sich gefunden hatte, bereits durchwühlt und in der ursprunglichen Anordnung nicht mehr zu erkennen war. Die bedeutendsten dortigen Fundstücke sind bereits von Lindenschmit, Alterthümer unserer heidn. Vorzeit, Bd. IV, 1, publicirt und abgebildet; wir geben die folgende kurze Schilderung derselben, mit Benützung der dort niedergelegten Bemerkungen. Zum Goldfund gehörte:

1) Ein Halsring aus hellfarbigem Goldblech von 160 gr. Gewicht (abgebildet bei Lindenschmit, Taf. I, 1). Der Durchmesser des äusseren Randes beträgt nach seiner jetzigen Verbiegung 7,30 cm, die Breite des plattgedrückten Ringbandes 18 mm. Die beiden Schlussenden wurden durch eine jetzt verschwundene Vernietung zusammengehalten. Nur die äussere Seite des Rings zeigt umlaufende Zierstreifen mit von aussen eingeschlagenen Zigzaglinien und kleinen, nachgeschnittenen, concentrischen Halbbogen, welche sich von der Mitte der ehemaligen Wölbung aus in derselben Folge nach umgekehrter Richtung wiederholen.

2) Ein Armring aus dünnem verbogenem Goldblech (a. a. O. Taf. I, 2), von 14 gr. Gewicht, mit 6,50 cm Dm. und 9 mm jetziger Breite des Goldbandes. Der Verschluss geschieht durch das Einschieben des platten Endstücks in den Hohlraum des Reifes. Die Verzierung wird gebildet durch Reihen von innen herausgetriebener kleiner Buckeln und Strichlagen, geschieden durch umlaufende Kreislinien.

3) Ein Bruchstück eines Zierbandes aus hellgelbem Goldblech, L. 10,8 cm, Br. 3,5 cm; Verzierung durch 12 Horizontallinien gebildet, in deren Zwischenräumen 5 Reihen grösserer und 6 Reihen kleinerer Perlen vertheilt sind (a. a. O. Taf. I, 3).

4) Ein kegelförmiges, knaufartiges Goldornament (a. a. O. Taf. I, 4), auf einer Unterlage von Bronze, unterer Dm. 4 cm, H. 2,8 cm. Die Spitze wird von einem mit 4 geperlten Ringbändern umgebenen Buckel gebildet, von derselben Grösse, wie die 10 gleichartigen Wölbungen, welche in einem breiteren, mit Perlstreifen verzierten Bande folgen. Die Deutung des fragmentarischen Ganzen bleibt ungewiss.

5) Zwei halbkugelförmige hohle Buckeln von glattem Goldblech, auf einer Unterlage von dünnem Eisen ausgewölbt, mit 3,5 cm Dm. Auf beiden offenbar zusammengehörenden Stücken zeigte das Goldblech Reste eines umlaufenden, flachen Randes, an einigen Stellen noch von 6 mm Breite. Ob beide Stücke als gleichgrosse Theile einer Kapsel oder als Zierat zu erklären sind, bleibt vorläufig dahingestellt.

Die Grabungen führten zunächst in der Mitte des Hügels in etwa 1,60 m Tiefe auf eine horizontal verlaufende Lage schwarz und weich gewordener Dielen aus Eichenholz, deren Aufdeckung einen durchdringenden Geruch von Kohlen-Wasserstoff-Gasen verursachte; ihre Ausdehnung und Dicke war der Vermischung mit dem Lehmboden wegen trotz genauer Untersuchung nicht mehr sicher festzustellen; unter ihr erschien bis zu einer Tiefe von 10—20 cm der sonst ockergelbe Lehm vielleicht in Folge der Einwirkung organischer Substanz blaugrau gefärbt. Auf dem noch übrigen Theile des Dielenbodens, von welchem ein gutes und wichtiges Stück durch die Arbeit des Zieglers zerstört worden war, lagen noch die Eisenklinge eines Dolches in zierlich mit Streifenornament gefertigter Bronzescheide (ähnlich b. Lindenschmit, Alterth. uns. heidn. Vorzeit III, IV, 2 und X, 4), ferner das noch 27 cm lange untere Stück eines längs der Mitte gekielten zweiten Dolchs (oder Schwerts?) von Bronze mit den Resten einer mit Reihen von Buckeln eingefassten Scheide vom gleichen Metall, kleine Fragmente von gestanztem Bronzeblech, welche einer Gürtelbelegung angehört haben mochten, sowie der Boden und schöne Henkelansatz einer Bronzekanne (bei Lindenschmit a. a. O. in Holzschnitt im Text). Der Henkel ist aus 4 Stäben gebildet und mit dem Gefässrande mehrfach verbunden, sowohl durch eine, in das Innere des Randes übergreifende, mit einer Palmette verzierte Bügelplatte, als auch seitlich durch zwei die Kante fassenden Arme mit scheibenförmigen Abschlüssen, welche mit Rosetten verziert sind. Die Ornamente sind nicht in das Metall geschnitten, sondern aus dünnem Erzblech geprägt und aufgelöthet. „Es sind dies,“ sagt Lindenschmit, „unläugbare Merkmale einer

Art von fabrikweiser Herstellung, welche diese Gefässe als Erzeugnisse der hochentwickelten Industrie des alten Italiens kennzeichnen würde, selbst ohne die sprechende Form des Ganzen und den Stil der Verzierungen."

Endlich zeigten sich unmittelbar daneben, unordentlich durcheinander geworfen, meterlange Stücke gebogener Eisenschienen mit noch daran sichtbarem Eichenholze, welche sich bei genauer Untersuchung als Reife von grossen Wagenrädern auswiesen. Dieselben (ein solches Taf. VI, 12, 23 cm lang) waren 4 cm breit und über 1 cm dick im Eisen; die Köpfe breiter Eisennägel, welche sie am Holze festhielten, ragten nicht über die Reiffläche vor (Taf. VI, 12 a). Stücke der Naben zeigten, freilich wenig mehr deutlich, mit Bronze in Eisen eingelegten Linienzierat (Taf. VI, 11). Die Dielenstücke in ihrer Nähe liessen da und dort noch die Reste einer äusserst dünnen Bronzeverkleidung erkennen; wenig entfernt lagen grössere Bronzestücke, ganze Conglomerate von Ringen (Taf. VI, 13), zwei Ringe (Dm. 7 cm) mit je 4 angesetzten Spangen (VI, 14), eine Spange an flachem Stiel, L. 6, 5 cm (VI, 15) und eine Anzahl eigenthümlicher Bronzeknöpfe (VI, 16 und 16 a.), alles Stücke eines Wagens, wie er als eines der bedeutendsten Fundstücke unserer süddeutschen Grabhügel auch aus Hohenzollern, Württemberg etc. bekannt ist, aber leider auch in unserem Falle bei dem zerstörten Zustand der Theile keine Reconstruktion gestattete. Selbst ob die oben berührte Verkleidung der Dielen mit dünnem Bronzeblech den Grabboden deckte, oder etwa Wände des Wagens überzog, liess sich nicht entscheiden, wenn auch das erstere das wahrscheinlichere schien.

Fortgesetzte Grabungen nach verschiedenen Seiten, welche in dem fetten Lehm besonders mühsam waren, führten zu keinem weitern Resultate; Gold wurde nicht weiter gefunden; von Knochen zeigten sich nur ganz kleine dürftige Reste; ein Brandplatz war nicht vorhanden; also keine Verbrennung anzunehmen; bemerkenswerth konnten noch 2 Zahnkronen vom Gebiss des zahmen Schweins erscheinen, vielleicht Reste des Leichenmahls. Auch Thongefässe fanden sich nicht; es waren nur einzelne kleine Scherben da und dort zerstreut, ebenso durch den ganzen Hügel kleinere und grössere Nester von Holzkohlenstückchen, wie wir sie so häufig zu finden gewohnt sind.

Eine weitere kleine Anschwellung des Bodens, die wir nicht fern von dem grossen Hügel zu entdecken glaubten, war zu unbedeutend, um aus ihr auf das etwaige Vorhandensein eines zweiten Grabes zu schliessen.

Hügelsheim, A. Rastatt.

Wenig südlich von dem Dorfe Hügelsheim, rechts von der Strasse nach Stollhofen und Kehl, erhebt sich im Ackerfelde ein gewaltiger Hügel von 70 m Dm. und etwas über 3 m Höhe, der, weil früher dem Pfarrgut angehörig, den Namen „Heiligen-Buckel" trägt. Seine Aehnlichkeit mit dem Grabhügel von Kappel, und der Umstand, dass schon 1853 nicht weit von ihm entfernt im Ackerfeld eine schöne Bronze-Dolchklinge (jetzt in der Gr. Alterthümersammlung) gefunden worden war, musste zur Untersuchung desselben reizen, zu welcher im Herbst 1880 geschritten wurde. Leider war schon von vornherein die Unversehrtheit des Hügels nicht ganz gesichert. Als er 1838 einen neuen Besitzer erhielt, war er nicht unbeträchtlich höher gewesen und hatte schon am Gipfel eine namhafte Einsenkung gehabt, deren erhöhte Ränder 1845 zur bequemeren Ackerung eingeebnet worden waren. Dabei habe man an einer Stelle in dem weichen Sande, aus dem der ganze Hügel besteht, etwa 1 m tief gegraben und sei auf Steine und eine Feuerstelle gestossen, habe auch eine eiserne Pfanne, einen Hammer und ein Stück einer „hölzernen Fahnenstange mit vergoldeten Nägeln" gefunden, was alles seither verloren gegangen sei. In der That fanden sich auch jetzt noch an mehreren Punkten in 1—2 m Tiefe Feuerstellen mit Kohle und Asche auf roth gebrannter Sandsteinlage, Scherben von glasirten Töpfen, Knochen und Zähne von Ochsen und Pferden, dabei ein Taschenmesser und ein Ring von Eisen und zwei dem 17. Jahrhundert angehörige deutsche Hufeisen. Die besprochene Einsenkung auf dem Gipfel des Hügels musste also in jener späteren Zeit irgendwie als Lagerplatz oder Zuflucht gedient haben, oder dem Fort Louis auf dem linken Rheinufer gegenüber als militärische Wache.

Erst in 3 m Tiefe und mehr, also nahezu in der des im Sande schwer unterscheidbaren gewachsenen Bodens, kamen etwa 6 m von der Mitte entfernt Haufen grösserer Steine zu Tage, in deren Nähe auch schon einzelne, oder zu zweien und mehreren zusammenstehende kleinere und grössere halbkugelige Bronzeknöpfchen mit kleinen Bügeln an der Unterseite zur Anheftung an irgend eine Unterlage zerstreut lagen. Erst in 4 m Tiefe, also, vielleicht wegen des Mangels an Festigkeit im Sandboden, tiefer als der ursprüngliche Grund versenkt, fanden sich dann ziemlich in der Mitte des Hügels die Reste einer bedeutenderen Grabstätte, leider mit den deutlichen Spuren einer ohne Zweifel schon in vorhistorischer Zeit verübten Zerstörung und Beraubung. Noch 1,50 m tiefer hinab nämlich war eine, mit der Diagonale nach Norden weisende rechteckige Grabkammer von 6,5 m Länge und 5 m Breite eingegraben; man hatte sie an den Wandungen mit 1 m dicken, trocken aufgerichteten Mauern von grösseren und kleineren unbehauenen Steinen ausgekleidet, welche ziemlich in der Mitte der nach SW. gerichteten Langseite eine Eingangsöffnung von 2,30 m frei liessen und den mittleren Theil mit Lehm gedeckt. Ihren Boden bildete, etwa 4 m lang und 2 m breit, eine rechteckige Lage von verkohlten Holzdielen, ähnlich wie in Kappel, in der ganzen Ausdehnung mit einem Ueberzuge von sehr dünnem Bronzeblech, das aber vollständig weich und unablösbar geworden war, bekleidet. Auf demselben lagen, wie im Hügel von Kappel, die Reste eines Wagens, und Bruchstücke von anderen Gegenständen, alles vollständig, selbst über die Grenze der Grabkammer, deren Mauer in der nördlichen Ecke vollständig zerstört war, hinaus, zerstreut. Von dem Wagen liess sich ein Rad im wesentlichen zusammenstellen, s. Taf. IV, 21. Der Nabenring ist von Eisen, mit 11,5 cm äusserem Dm., gegen die Radachse hin verdickt, unterhalb mit starkem Bronzeblech überzogen, das sich von innen nach aussen über jene Verdickung herüberlegt (deutlich an dem Ringstück im Bilde links unten). Acht Speichen (ihre Zahl liess sich dadurch bestimmen, dass glücklicherweise noch ihrer zwei im ursprünglichen Winkel zu einander liegend gefunden wurden) sind von Holz, wahrscheinlich wildem Weichselholz, und mit kräftigem, auf einer Seite mit Bronzestiften befestigtem Bronzeblech überzogen (s. bei a u. b), 2,5 cm dick und schwerlich über 17 cm lang. Die Felgen scheinen von Eichenholz gewesen zu sein; der eiserne Radreif, wenig über 3 cm breit und auf den Seiten etwas über das Holz hereinragend, war auf demselben mit Eisennägeln befestigt, deren grosse, lang gezogene Köpfe sich berührten und sich ziemlich hoch über den Umkreis des Reifs erhoben (ähnlich am Wagen der bekannten, die Alexanderschlacht darstellenden pompejanischen Mosaik im Museum von Neapel). Von den nebenliegenden Stücken war besonders das Taf. IV, 26 dargestellte interessant. Es ist ein hohler Halbcylinder von Bronze, innen mit Resten von Holz, 7,5 cm lang, 3 cm im Dm., mit 6 kammartigen Wülsten, die gegen die beiden untern Ränder hin an Höhe abnehmen, oben mit 2 Löchern, wie es scheint zur Aufnahme von Stiften. Auf den ersten Blick konnte man an eine halbe Radachse von einem Rade wie das im Museum von Speyer aufbewahrte (Photogr. Album der Berliner Ausstellung von 1880, Sect. VIII, Taf. 17[1]) denken; in unserem Falle ist aber der Halbcylinder vorn und hinten geschlossen und nur nach unten zur Aufnahme der Holzeinlage offen; es kann also zur Deutung des Stückes nur an das Beschläge eines Griffes oder an ähnliches gedacht werden. Sonst fanden sich noch Stücke einer eisernen Trense, kleine Fragmente eines oder mehrerer Bronzegefässe, Stücke von Leder und von grober Leinwand, leider alles ohne erkennbaren Zusammenhang. Thongefässe schienen ganz zu fehlen. Ein kleiner Theil eines Kiefers mit 3 Zähnen und ein Armknochen-

[1]) S. auch bei Lindenschmit, Alterthümer uns. heidn. Vorzeit III, IV. 1. 3.

Stückchen war alles, was von dem Bestatteten übrig geblieben. Nicht unbeachtet lassen wir, dass auch hier wieder Zähne vom Schwein mit unter den Beigaben gefunden wurden.

Ohne Zweifel hat nach Analogie des Hügels von Kappel auch diese Grabkammer einst Goldschmuck und Waffen geborgen; alles werthvoll scheinende muss aber bei dem wahrscheinlich lohnenden und in dem leichten Sandboden mühelosen Leichenraub weggenommen worden sein.

Der Gedanke lag nahe, dass in dem Hügel sich vielleicht noch eine zweite Grabkammer befunden haben mochte; alle Nachsuchung nach einer solchen war aber umsonst. Dafür wurde man während der Arbeit bei dem Ausblick von der Höhe des Hügels aus auf einen zweiten viel niedrigeren aufmerksam, der 80 m weiter südlich gleichfalls im Ackerfeld sich sanft erhob. Die Messung desselben ergab, als im November des folgenden Jahrs 1881 seine Untersuchung unternommen wurde, 37 m Dm. bei 1,70 m H. Die Arbeit ging hier in dem weichen Sande wieder leicht von statten. Die Verwunderung war aber gross, als man im mittleren Theile schon in der Tiefe von 50—90 cm auf acht vollständige, sämmtlich von NW. nach SO. gelegte Skelette mit spärlichen Beigaben von Bronze und Eisen (Nägel, Knöpfe etc.) stiess. Nach genauer Aufnahme derselben sollten eben die Beigaben gesammelt werden, als unter diesen bei einem der Gerippe ein Amulet von Bronze mit dem Bilde der heiligen Jungfrau im Stile des 18. Jahrh., mit der Umschrift: B(eatae) V(irginis) Mariae in monte Praemonstratentium ad Olomutum (Olmütz), zum Vorschein kam. Die Leichen hatten demnach 8 österreichischen Soldaten angehört, welche vielleicht einmal die Feldwache auf dem „Heiligen Buckel" gebildet haben mochten, ein denkwürdiges Beispiel dafür, wie derselbe Grabhügel Bestattungen aus verschiedensten Zeiten bergen kann! Denn als tiefer gegraben wurde, zeigte sich nun erst unmittelbar auf dem gewachsenen Boden ziemlich in der Mitte des Hügels ein glatter, 13 cm im Durchmesser haltender massiver Halsring von Bronze, 0,6 cm dick, mit wahrscheinlich verziertem, jetzt nur noch in einem Bronzeklumpen erhaltenem Verschluss. Der Ring lag auf einer vermoderten weichen Unterlage von 30—40 cm Dm., auf welcher sich zwei menschliche Zahnkronen fanden, und welche als zusammengedrückter und vermoderter Rest des Schädels, vielleicht auf einem Brett von Holz aufruhend, angesehen werden musste. Innerhalb des Rings erschien eine mitten durchbohrte ovale Bernsteinperle, Taf. IV, 28, noch an dem Fragmente eines Bronzeringchens hängend, ganz nahe der kaum mehr zu erkennende Rest einer Bronzefibula und ebenso in der Nähe der hohle Armring Taf. IV, 29 von Goldblech, mit Reihen von mit dem gleichen Punzen von aussen eingeschlagenen kleinen Dreiecken verziert, mit rundem Querschnitt von 5 mm Dm. und durch Einschieben einer schmaleren Zunge zwischen zwei aufrechten runden Scheibchen verschliessbar. Trotz sorgfältiger Durchforschung des angrenzenden Bodens wollte sich keine Spur des übrigen Körpers mehr finden lassen; nur an einer Stelle war der Sand noch etwas tiefer hinab auffallend hellgrau gefärbt. Erst später entdeckte man im ausgeworfenen Sande noch die Stücke eines Paares gleicher Fibeln von Bronze, von denen eine in Schlangenform mit 2,8 cm breiter runder Scheibe und 11,4 cm Länge, Taf. IV, 27, sich wieder zusammensetzen liess. Von Thongefässen fand sich, wie früher im Heiligen Buckel, nicht die geringste Spur; auch von Kohle kamen nur da und dort verschwindende Restchen zum Vorschein.

Der Hügel bildete nach dem Bisherigen ohne Zweifel die Grabstätte einer Frau; zu bestimmen, ob sie, wie angenommen werden darf, mit dem „fürstlichen" Begräbniss des Mannes im Heiligen Buckel in irgend einer Beziehung stand und in welcher, muss der Phantasie des Lesers überlassen bleiben.

Die Arbeiter machten nun aber noch auf eine Gruppe von drei weiteren Grabhügeln aufmerksam, welche sich ca. 20 Minuten östlich entfernt im „Bannwald" befinden sollten. Die Angabe bestätigte sich, und im Herbste 1884 wurden auch noch diese Hügel unserer Untersuchung unterworfen. Sie standen, mit Nadelholz bewachsen, ziemlich in einer Reihe von NO. nach SW., 50—60 m von einander entfernt, und zeigten bei 1,10 m H. 22—24 m Dm. Die Grabung war auch hier in dem lockeren Sandboden eine leichte; leider war sie auch bei Gelegenheit der Baumpflanzung eine allzuleichte gewesen, denn die alten Bestattungen zeigten sich durch sie empfindlich gestört, zum Theil sogar vollständig zerstört. Letzeres war bei dem westlichsten der Hügel der Fall, in welchem keine Spur des Begräbnisses mehr gefunden werden konnte. Auch in dem mittleren war dasselbe nicht unberührt geblieben, doch wurden, wenn auch etwas zerstreut, noch die Reste von zwei brandlosen Bestattungen in demselben aufgedeckt.

Die eine in die Mitte in 80 cm Tiefe eingesenkt, erfreute durch den Fund eines noch in ursprünglicher Ordnung beisammen stehenden merkwürdigen Armschmucks des noch durch durchlaufende Knochenstückchen erkennbaren rechten Armes. Unmittelbar an die (nicht mehr vorhandene) Handwurzel legte sich das prächtige, auf dem mit eingeschlagenen Streifen von Zigzaglinien und kleinen Kreisen verzierten Rücken 6,7 cm breite, in mächtige, aussen mit eingedruckten kleinen concentrischen Kreisen geschmückte Knöpfe endigende offene Armband von Bronze von nicht weniger als 505 Gramm Gewicht, Taf. V, 1. Ihm folgte ohne Zwischenraum der massive, 5 mm dicke kreisförmige verzierte Bronzering V, 2 mit sechs vorstehenden Oesen, in welche wahrscheinlich mit kleinen Bronzeringchen Bärenzähne eingehängt gewesen waren, von welchen zwei (V, 4) noch in unmittelbarer Nähe lagen; wahrscheinlich waren auch grössere, flache Bronzeringchen von der Form V, 5, die sonst noch mit kleineren Ringchen zusammen im Hügel gefunden wurden, mit eingehängt gewesen, vielleicht endlich auch der natürlich durchbohrte schwarze serpentinartige Stein*) V, 6 (L. 5,6 cm), der wenigstens hart neben dem Armschmuck liegend gefunden wurde. An den Bronzering schloss sich dann noch als drittes Stück gegen den Ellbogen hin ein massiger, 4,8 cm breiter schwarzer Ring von Lignit oder Gagat (fester Braunkohle), V, 3, an, wie er ähnlich auch in Grabhügeln der Schweiz hin und wieder sich findet. Von dem dem zweiten dünnen Bronzering entsprechenden Zierat des andern Armes fand sich wenigstens noch ein Bruchstück im Hügel vor; schliesslich gewann man noch die hübsche Bronzefibula V, 7, 5,9 cm lang, mit umgeschlagenem, in verziertem Köpfchen endigendem Fuss und 1,5 cm weiter Spirale; freilich war auch sie weit von ihrer ursprünglichen Stelle verrückt.

Die zweite Bestattung fand man 3,50 m gegen NW. von der ersten entfernt in derselben Tiefe. Wie aus den spärlichen Skelettresten zu schliessen, war sie von NW. nach NO. gerichtet, während die erste in der Richtung von SO. nach NW. gelegen hatte. Hier zeigte sich, Knochenstücke des linken Ellbogen umschliessend, ein glatter, massiver Bronze-Armring von 9 cm Dm., daneben der untere Theil einer 3,5 cm breiten, spitzig zulaufenden, eisernen Schwertklinge, an der Spitze noch mit zwei vorragenden Stiften der Scheide, und wenig entfernt Spirale und Bogenstück (L. 6,5 cm) einer eisernen Fibula.

Etwa 1,50 m südlicher lagen in 50 cm Tiefe beisammen die Scherben von drei Thongefässen, einer gedrückt birnförmigen Urne, thonfarbig, mit kräftig eingeritzter Strichverzierung, etwa 25 cm weit, Taf. IV, 22, einer zweiten solchen etwas höheren, roh gearbeiteten, ohne Schmuck, mit ca. 19 cm Ausbauchung, und eines 7,4 cm hohen dünnwandigen Bechers, Taf. IV, 25.

Der dritte östliche Hügel ergab in der Mitte die Scherben einer kürbisförmigen Urne, Taf. IV, 23, vom Typus des Gottmadinger Urnenfelds (Taf. II, 9, 10), ziemlich dickwandig und roh, aber doch mit regelmässig eingedrückter Strichverzierung im Schema von Taf. II, 10 und mit unverkennbaren Resten von rother und schwarzer Farbe. In der Urne hatte eines der bekannten kleinen halbkugeligen Schälchen gelegen. 1 m nördlich entfernt fand sich in der Tiefe des gewachsenen Bodens eine noch vollständige, hellrothe, oben 21 cm weite, runde Thonschüssel, Taf. IV, 24, mit eigenthümlich eingetieftem Fusse, dabei ein Ohrringchen von Bronze-

*) Ein ähnliches Stück natürlich durchbohrten Serpentins von 10 cm Länge, das bei Strassburg gefunden wurde, besitzt die Stuttgarter kgl. Alterthümersammlung.

draht. Sonst war ausser einigen ganz unbedeutenden Knochenstückchen jede weitere Spur der Bestattung verschwunden.

Noch ist der Beachtung werth, dass sich im Bannwalde bis nahe an die drei Grabhügel hin ausgedehnte Hochäcker von etwa 5 m Ackerbreite, also Reste uralten Ackerbaues, hinziehen. Ob sie in die Zeit der ersteren hinaufreichen, wagen wir vorläufig nicht zu entscheiden.

Huttenheim, A. Bruchsal.

Weiter Rheinabwärts hat sich die Gegend von Huttenheim, wenig südlich von Philippsburg, in Beziehung auf vorgeschichtliche Funde in mehrfacher Richtung als beachtenswerth erwiesen. Schon in den 50er Jahren brachte der Torfstich einzelne Bronzen, darunter ein schönes Schwert (abgebildet im Photogr. Album d. Berliner Ausstellung v. 1880, Sect. VII, Taf. 11) und eine Speerspitze mit langer Tülle ans Tageslicht. Später wurde man auf eine grosse Gruppe von Grabhügeln in der Rheinniederung im Gemeindewald nordwestlich vom Dorfe aufmerksam und erst 1883 entdeckte man eine Viertelstunde westlich von dieser Gruppe bei dem Eisenbahn-Durchschnitt ein Urnenfeld, an welches sich schliesslich unmittelbar auch noch Reihengräber aus der alemannisch-fränkischen Periode anschlossen.

1. Die Grabhügel.

Die Gruppe der Grabhügel theilt sich in drei Abtheilungen: die erste umfasst, in einer Reihe unregelmässig angeordnet, 10, die zweite, wenig südlich von ihr, 4, die dritte, etwas mehr westlich, 13 Hügel von 14 bis 22 m Dm. bei etwa 1 m H. (der grösste 27 m Dm. bei 1,25 m H.); im Allgemeinen sind die Hügel der westlichen Gruppe kleiner als die der beiden andern. Mit der Untersuchung der ganzen Grabstätte hat sich 1881 und 1882 der Karlsruher Anthropologische und Alterthums-Verein befasst; es wurden bis jetzt von der ersten Abtheilung fünf, von der zweiten ein, von der dritten zwei Hügel ausgegraben. Wir geben im Folgenden die Resultate, so weit sie für unsern Zweck von Bedeutung sind:

In der ersten Abtheilung enthielt der von den untersuchten Hügeln am meisten östlich liegende drei Bestattungen. In der Mitte war auf dem gewachsenen Boden (90 cm tief) das allerdings sehr defecte Skelett eines kräftigen Mannes von S. gegen N. niedergelegt, unmittelbar hinter dem Kopfe als einzige Beigabe ein unverziertes Gefäss von schwärzlichem, aussen und innen röthlichem Thon, von der Form Taf. IV, 20, vom schmalen (D. 9 cm) Boden aus unmittelbar zu weiter (27 cm) Ausbauchung aufsteigend, mit kurzem, etwas nach aussen gebogenem Rande (H. 20 cm). 3 m 20 von der Mitte ruhte, wenig über dem gewachsenen Boden, wieder mit dem Kopf gegen Süden, ein zweites schlecht erhaltenes Skelett, vermuthlich von einem Mädchen, ohne weitere Beigabe als den noch an seiner Stelle gefundenen merkwürdigen kleinen Halsring von Bronze Taf. V, 8 (Dm. 12,5 cm), welcher ziemlich roh gearbeitet, doch auf seinem äusseren Umkreis mit drei zierlich reliefirten Schlangen geschmückt ist. Nicht nur ist der Gusszapfen noch vorhanden, sondern der in zwei Stücke zerbrochene Ring musste an beiden Bruchstellen am Hals der lebenden oder todten Person wieder zusammengefügt worden sein. Ein technisch Sachverständiger erklärt, die schlecht gearbeitete Zusammenfügung habe nur durch Löthen geschehen können; überdies sei der Ring, nach den Bruchstellen zu schliessen, nicht zerbrochen, sondern geflissentlich zerhauen worden. Eine dritte Leiche, anscheinend jugendlich, war fast 3 m östlich von der Mitte, ebenso mit dem Kopf gegen Süden, ohne alle Beigaben beigesetzt. In dem Hügel zeigten sich nur wenige zerstreute Kohlenreste, keine eingeworfenen Thonscherben, dagegen auf dem gewachsenen Boden einige Schalen einer Flussmuschel,

Unio sinuatus Lam., welche nach Angabe des Prof. v. Martens gegenwärtig nicht mehr im Rhein, sondern nur noch im Seinegebiet vorkommt, aber mit Ueberresten aus römischer Zeit in Ladenburg und Mainz, anderswo auch mit solchen aus der Steinzeit, zusammen gefunden wurde.

Der nächste Hügel (18 m Dm.) barg zwei nebeneinander von SW. nach NO. gelegte Leichen mit zerdrückten, aber noch deutlichen Skeletten. Bei der mehr gegen den Rand hin liegenden fand sich ein kurzes (60 cm l.) Eisenschwert mit schmucklosen Resten der Scheide von dem aus dem Pfahlbau von la Tène im Neuenburger See bekannten Typus, dabei die Spirale und der 10 cm lange Bogen einer eisernen Fibula. Zu ihren Häupten hatte ein gelbliches, am Rande roh mit eingeritzten Zigzaglinien verziertes Thongefäss, Taf. IV, 20, 10,6 cm hoch und 24 cm weit, gestanden, das bis auf den Rand sich wiederherstellen liess. Am zweiten Skelette (einer Frau?) wurden ein massiver Bronze-Halsring mit Gusszapfen, ein Ohrringchen(?) und an jedem Arm ein dünner und glatter Armring gefunden. Ueber den Hüften lag ein dünnes, 12 cm breites, 42 cm langes, bis auf 2 Reihen kleiner Buckeln an beiden Enden vollständig glattes Gürtelblech, dessen Unterlage nicht mehr zu erkennen war.

Ein dritter Hügel (20 m Dm.) ergab eine einzige Bestattung, dabei zwei ganz gleiche Exemplare der Bronzefibula Taf. V, 9 mit zurückgeschlagenem, zu einer Kugel verdicktem Fusse (L. 4,8 cm) und eines der uns schon bekannten Bronzehaarzängchen (L. 7,6 cm).

In dem vierten, grössten Hügel (Dm. 27 m) wurden nicht weniger als 6 Bestattungen, zwei in der Mitte von S. nach N. gerichtet und je zwei 3 m 50 südlich und nördlich von der Mitte ziemlich in westöstlicher Richtung gelegt, gefunden. Von den Skeletten waren die grösseren Knochen noch ziemlich erhalten, die Schädel zerdrückt. Eines, ohne Beigaben, lag schon in 30—35 cm Tiefe. Zwei weitere, das eine mit massiven, glatten Bronzeringen (ein Halsring, Dm. 16,5 cm, Dicke 8 mm, 2 Armringe mit ovalem, innen eingebogenem Querschnitt, Dm. 7 cm, 2 Fussringe, Dm. 11 cm), das andere mit nur einem sehr dünnen glatten Armring (Dm. 8,8 cm), fanden sich 60 cm tief; die zwei der Mitte nächsten ruhten auf dem gewachsenen Boden: eines trug an jedem Unterarm einen dünnen Armring (Dm. 6,5 cm) mit roher Strichverzierung, das andere hatte neben sich ein Haarzängchen und das zugehörige gewundene Instrumentchen von Bronze, ganz wie Taf. II, 7; ein sechstes, von einem alten Manne, hatte keine Beigaben. Von Thongefässen zeigten sich nur in der Mitte einige rohe schwarze Scherben.

Der fünfte Hügel endlich mit 22 m Dm. bei 1 m 20 H. (der Hügel war aus Lehm errichtet, der gewachsene Boden heller Sand) liess die Reste von drei Begrabenen erkennen. In der Mitte lag von S. nach N. eine wahrscheinlich weibliche Leiche mit zerdrücktem Schädel und nicht unbedeutendem Bronzeschmuck. Den linken Arm zierte ein einfacher dünner Armring, den rechten umspannten deren zwei mit fein eingravirter Strichverzierung; zwei Fussringe, massiv und glatt, zeigten noch die Reste der Gusszapfen, über die Hüften legte sich das an beiden Enden mit Reihen von Buckeln verzierte und an dem einen sich zu einem Haken zuspitzende Gürtelblech Taf. VI, 20 (31 cm L., 5,6 cm br.); an sein breites Ende auf der rechten Seite der Leiche schlossen sich die Reste eines Geflechts von sehr kleinen Bronzehäkchen mit einer Unterlage (von Leder?) an, wie wir es bereits unter den Funden des Gemeinmärker Hofs (S. 11, unt.) kennen gelernt haben. 3,50 m westlich von der Mitte lagen wieder von S. nach N. die Reste eines Skeletts ohne Beigaben; 4 m nördlich, von W. nach O. gerichtet, etwa 20 cm über dem gewachsenen Boden, war ein weiteres beigesetzt; die zugehörigen Beigaben, ein Eisenschwert in eiserner Scheide, noch mit rundlichem Knauf, 66 cm lang und im Ganzen von derselben Art, wie das im zweiten Grabhügel gefundene, mit zwei flachen Bronzeringchen vom Gehänge, eine kurze flache eiserne Speerspitze und ein Fragment eines Bronzerings waren, sogar in verschiedener Tiefe, vollständig zerstreut. Der Grund der Störung wurde erkannt, als man in der Nähe noch 30 cm unter dem gewachsenen Boden auf das vollständige Skelett eines

Pferdes stiess, das leider dem Grabfunde nicht zugerechnet werden durfte, da die Arbeiter erzählten, man habe vor etwa 50 Jahren den Ort zum Begraben todter Pferde benützt.

Der in der zweiten, südlichen Abtheilung untersuchte Hügel ergab ein in der Mitte von S. nach N. gelegtes, sehr verwittertes Skelett und rechts von dessen Kopfende Scherben eines rohen schwärzlichen Thongefässes. Merkwürdiger war, 3 m nordwestlich von der Mitte entfernt, eine schon in 30 cm Tiefe erreichte, im Viereck (130 auf 175 cm) über 30 cm hoch aufgerichtete Aufschichtung von Bruchstücken unzweifelhaft römischer Hohlziegel und Dachziegel-Platten mit auf 2 Seiten aufgerichteten Rändern. Da unter denselben trotz sorgfältigster Nachforschung nichts gefunden wurde, so fehlten alle Anhaltspunkte für die Deutung dieser wahrscheinlich späteren Einlage. Es sind auch, wenigstens in unmittelbarer Nähe des Ortes, bis jetzt weitere römische Funde nicht bekannt.

In den beiden untersuchten Grabhügeln der dritten östlichen Abtheilung hatten Baumwurzeln in dem schweren lehmigen Boden grosse Zerstörung angerichtet und die Deutlichkeit der Funde beeinträchtigt. In dem ersten erschienen die Reste von 4 Skeletten, 3 von S. nach N., eines von W. nach O. gerichtet, in der Mitte Scherben eines schwarzen Thongefässes. Sonst waren in dem Hügel wenig unter der Oberfläche einzelne Thonscherben und oxydirte Eisenstückchen zerstreut; zwei schienen von Speerspitzen herzurühren. Ein in 30 cm Tiefe gefundenes Stück Feuerstein konnte wohl als künstlich bearbeitetes Steinwerkzeug angesehen werden.

Der zweite Hugel (Dm. 14 m. H. 90 cm) ergab nahe der Mitte in 60 cm Tiefe eine dünne Brandschichte, dann in der Mitte selbst in der Tiefe des gewachsenen Bodens zwei Armringe in je 6—8 Doppelwindungen von sehr dünnem, wie gezwirnt erscheinendem Bronzedraht, deren einer (der andere war ganz in Stücken) noch kleine Reste der Unterarmknochen umschloss. Ausser letzteren fehlte jede Spur des Skeletts; dafür fand sich unmittelbar in der Nähe ein Conglomerat von rohen, aussen rothen, innen schwarzen Thonscherben, von Kohle und von kleinen, calcinirten Knochenstückchen, welche es fraglich erscheinen liessen, ob vielleicht hier unter den Beisetzungen auch einmal ein Leichenbrand stattgefunden haben mochte?

Vielleicht verbreitet die zu erwartende Untersuchung der übrigen noch unberührten Hügel weiteres Licht über die ganze Begräbnissstätte, welche zwar keine besonders reichen Funde lieferte, aber doch, wie sich gezeigt hat, wegen einiger ihrer Eigenthümlichkeiten fortgehende Aufmerksamkeit verdient.

2. Das Urnenfeld.

Die Veranlassung zu der, wie wir glauben, besonders wichtigen Entdeckung des Urnenfeldes gab der Durchbruch des Eisenbahn-Damms bei Philippsburg durch das Hochwasser vom Februar 1883. Als man von dem sandigen Grunde des Hochgestades, durch welches die Bahn sich hinzieht, Material zur Wiederherstellung des Dammes abgrub, stiess man etwa 90 cm tief im Boden auf Thongefässe und Stücke von Bronze und Eisen, welche durch die verdienstliche Vermittelung des Grossh. Bezirks-Bahningenieurs von Teuffel in Bruchsal für die Grossh. Alterthümer-Sammlung gewonnen wurden. Am 22. und 27. Februar wurden an Ort und Stelle unter Prof. Bissinger's Leitung Ausgrabungen vorgenommen, welche auf zwei unmittelbar an einander stossende Grabstätten, auf alemannisch-fränkische Reihengräber und den viel älteren Urnenfriedhof führten. Wir haben es hier nur mit dem letzteren zu thun. Allerdings ist bis jetzt nur ein kleiner Theil desselben untersucht; Arbeiter erinnerten sich, dass schon beim Bahnbau hier Thongefässe gefunden und zerschlagen worden waren; diesseits der Bahn scheint der Abhang des Hochgestades eine natürliche Grenze zu bilden; jenseits dürften weitere Grabungen über die bis jetzt unbekannte Ausdehnung des Urnenfeldes Aufschluss geben und vielleicht weitere Gegenstände zu Tage fördern.

Bis jetzt zählt der Fundbericht folgende Funde auf:

1) Am nordöstlichen Ende der untersuchten Stelle in 90 cm Tiefe das grosse, rohe Thongefäss Taf. IV, 1, 44 cm hoch, mit 45 cm Dm. am Rand, Wandungen 1,1 cm dick, innen grau, aussen bis etwa 4 mm nach innen röthlichgebrannt, mit niederem, stark nach aussen gebogenem Rande, an demselben eine rohe Verzierung von Fingereindrücken; sonst keine Zeichnung, ausser einem eigenthümlichen eingeritzten, schiefen Kreuz (links oben am Hals), das vielleicht den Rest eines ursprünglich ganz umlaufenden Bandes bildet. In dem Gefäss vier weitere kleinere, eines Taf. IV, 11 (H. 8 cm, bei 14 cm grösster Weite), rothgelb, mit ziemlich steil aufsteigendem Hals und kleinem, auswärts gebogenem Rande, und 3 kleine Näpfe in der Form umgekehrter, abgestumpfter Kegel (wie IV, 4) mit flachem Boden und horizontal abgeflachtem Rande (H. 5 cm, Dm. 10,5 cm), ausserdem Reste von Kohle und verbrannten Knochen. In der Entfernung von 9 m nordöstlich fand sich fast an der Oberfläche, wahrscheinlich bei der Grabung für den Bahnbau ausgeworfen, eine Bronzenadel, IV, 17, noch 20 cm lang, gegossen, mit einfacher, eingekerbter Strichverzierung.

2) Etwa 4 m südöstlich, von den Bahnarbeitern gefunden, Scherben eines grossen rohen Thongefässes, IV, 2 (34 cm hoch bei 21 cm Rand Dm.), am Bauche wenig gewölbt, mit hohem, beinahe cylindrischem Halse und wenig ausgebogenem Rande; ursprünglich darin sieben weitere kleinere, 2 umgekehrt kegelförmige Näpfe (H. 4,8 cm, Dm. 15 cm), 2 Gefässe von grauem Thon von der Form IV, 12 (9,6 cm hoch mit 9 cm Dm. am Rand), von sehr kleinem Boden flach aufsteigend, mit langem nach oben sich verjüngendem Halse und kleinem ausgebogenem Rande, ein roh gearbeiteter Napf vom Typus IV, 10 (H. 5,5 cm, Dm. 9,8 cm), ein ähnlicher mit grobem Henkel, IV, 9 (H. 7,5 cm) und ein ebenfalls roher, grauer Becher, IV, 8, 11 cm hoch bei 11,5 cm grösster Weite. Daneben, ursprünglich wohl darin, lagen ein Bronze-Armband, bestehend aus einer 3kantigen Spirale mit 7 Windungen und schnurförmig gekerbten Enden, Dm. 6 cm, Taf. IV, 18, und 2 einfache offene Armringe von Bronze mit ovalem Querschnitt, von der Form IV, 19. Etwaige Knochenreste waren ohne Zweifel unbeachtet geblieben.

3) Der nächste Fund 7 m südwestlich von dem ersten ergab wieder 90 cm tief das grosse graue Thongefäss IV, 3 (H. 36 cm, grösste Weite 38 cm), mit fast kantiger Wölbung in der Mitte und beinahe cylindrischem Halse; in demselben 4 kleinere und Scherben eines fünften, nämlich das in der Grundform dem grossen verwandte Gefäss IV, 15, mit 2 kleinen Henkeln zum Durchziehen einer Schnur und wenig eingedrückter, gegen die Henkel etwas aufsteigender Linienverzierung um den oberen Theil der Wölbung, 3 kleine umgekehrt kegelförmige Näpfe (wie bei 1 und 2, einer in die Form IV, 10 übergehend), und die Bruchstücke eines Gefässes von der Art wie IV, 12. Dabei wiederum Reste von Kohle und verbrannten Knochen.

4) Etwa 8 m weiter südwestlich in derselben Tiefe ein grosser Haufen von Thonscherben. Aus denselben konnten zusammengesetzt werden: ein grosses graues Gefäss, ziemlich von derselben Form und den gleichen Dimensionen wie IV, 3, Bruchstücke von einem zweiten ähnlichen, ferner eine rohe weite Schüssel, von schmalem flachem Fuss geschweift aufsteigend (ähnlich III, 10) mit kleinem, schief nach aussen abgeflachtem Rande (H. 7,7 cm, Dm. 23 cm), zwei kleinere Näpfe, IV, 10 (H. 6,5 cm, Dm. 13,5 cm) und das merkwürdige, an norddeutsche Formen[1]) erinnernde Gefäss IV, 14 (H. 19 cm), mit hohem fast cylindrischem Hals, zwei grösseren Henkeln und einer Verzierung von sanft eingedrückten Halbkreisen um den oberen Theil der Wölbung. Dabei längere und kürzere dünne cylindrische Bronzestückchen von unsicherer Form, wahrscheinlich Reste von Fibeln.

5) Noch 5 m weiter gegen SW., ebenso tief im Boden, das etwas kleinere Hauptgefäss IV, 13 (H. 19 cm, Dm. am Rand 21 cm), in der Grundform ähnlich IV, 3, aber mit niederem, etwas auswärts geneigtem, oben mit eingeschnittenen Strichen roh verziertem Rand. Es enthielt

[1]) S. z. B. Undset, das erste Auftreten des Eisens in Nord-Europa, Hamburg 1882, Taf. XVIII, 1, von Strehlen bei Dresden.

neben Kohlen- und Knochenresten nicht weniger als 10 kleine verzierte Gefässchen, welche als Kinderspielzeug angesehen werden konnten, und war mit der flach kegelförmigen, innen roh mit eingeritzten Linien und Halbkreisen verzierten grauen Schüssel IV, 4 (H. 7 cm, Dm. 27 cm) zugedeckt. Zu den 10 Gefässchen gehörten das flache runde Tellerchen IV, 6 (H. 2 cm, Dm. 12,5 cm) mit convexem Boden und einer Verzierung von engen Strichlagen am Rand, das zierliche Töpfchen IV, 7 (H. 7,5 cm), mit hohem cylindrischem Hals und einer Verzierung von 5 gestreckten Kreisbögen um die obere Wölbung, das weitere IV, 5 (H. 5 cm), ähnlich, aber mit der Strichverzierung von IV, 6, ein drittes von der Form IV, 12 ohne Verzierung, 5,5 cm hoch, ein viertes solches, besonders kleines, nur 3,4 cm hoch, bei 3,6 cm Weite, 4 kleine Näpfchen, das kleinste nur 2 cm hoch bei 4,5 cm Weite, endlich das eigenthümliche, leider nur noch fragmentarisch erhaltene Stückchen IV, 16, das vielleicht (7,5 cm lang) als Leib eines Vogels, der als Spielzeug gedient haben mochte, zu erklären ist.

Dass die sämmtlichen grossen Urnen Leichenbrand enthielten, ist nicht zu bezweifeln. Um so bemerkenswerther erscheint, dass auch hier, 14 m in der Reihe weiter südwestlich (alle bisherigen Funde lagen in einem von NO. nach SW. angelegten Laufgraben) eine unverbrannte Leiche beigesetzt war, von welcher in 90 cm Tiefe noch kleine Stücke des Schädels und einige Knochen ohne sonstige Beigaben gefunden wurden.

Nach dem Bisherigen fallen bei der Betrachtung der Funde des Urnenfriedhofes vorzugsweise zwei Punkte ins Auge, einmal dass die, wenn auch spärlichen Metallbeigaben alle Bronzen sind, ohne eine Spur von Eisen, und dann, dass die Grundformen und Verzierungen sämmtlicher Thongefässe von den seither beschriebenen wesentlich abweichen, einem anderen Stile angehören. Bezeichnend sind für sie: zunächst eine andere Art der Wölbung, selbst schon bei IV, 1, aber besonders, wo, wie bei IV, 2, 3, 11–15, der obere und untere Theil in der Form von zwei mit der Grundfläche gegen einander gekehrten Kegeln fast mit scharfer Kante zusammenstossen, ferner der fast cylindrisch aufsteigende mehr oder weniger hohe Hals, dann die Verzierung mit Kreisbögen (IV, 3, 7, 11), oder mit kleinen Strichlagen (IV, 5, 6), endlich der gänzliche Mangel an Farbenzier, überhaupt der etwas rohere Charakter sämmtlicher Gefässe.

Oftersheim, A. Schwetzingen.

Bei dem eigenthümlichen, von dem Bisherigen so sehr abweichenden Charakter der eben beschriebenen Fundstätte gereicht es zu besonderer Befriedigung, dass gleich auch auf eine zweite ähnliche hingewiesen werden kann.

Schon im December 1880 nämlich war in Oftersheim bei Schwetzingen beim Graben eines Brunnens in dem Garten eines Privathauses in ca. 1,7 m Tiefe eine grosse Thonurne, angeblich mit Deckel und dickem Deckelknopf, gefunden worden, welche durch die Liberalität des nachherigen Besitzers, des Landwirths H. Gieser dort, 1881 in die Grossh. Alterthümer-Sammlung gelangte. Genauere Erkundigung und Untersuchung ergab folgenden Thatbestand: Die grosse Urne, Taf. III, 22 (H. 52 cm, Dm. des Randes 32 cm, grösste Weite 50 cm), von grobem, grauem Thon, mit 1,5 cm dicker Wandung und einem etwas erhabenen Bande von roher Strichverzierung um den oberen Theil der Wölbung als einzigem Schmuck, war noch ziemlich unversehrt erhalten; über dem birnförmigen Körper erhob sich ein 6,5 cm hoher cylindrischer Hals mit wenig auswärts gebogenem Rand. Das Gefäss war bis zur halben Höhe „mit im Kreise in den Boden herumgesteckten grossen und dicken Thonscherben umgeben, gewissermassen um es in seiner aufrechten Stellung zu erhalten"; leider waren von diesen nur noch wenige beizubringen; sie könnten einem zweiten noch grösseren Gefässe mit weiter Oeffnung angehört haben, in welches vielleicht ursprünglich unsere Urne hineingestellt war. Ein Randstück desselben mit einer rohen Verzierung von Fingereindrücken zeigt Taf. III, 29 (Länge 11 cm, Dicke 1 cm). Ob weitere schwärzliche Scherben, welche einem dritten Gefäss angehört haben mussten, ursprünglich gleichfalls aussen oder innerhalb der Urne sich befanden, war nicht mehr festzustellen. Um so bestimmter war ersichtlich, dass, was man als „Deckel" bezeichnet hatte, sich selbst wieder als grosse, weite Schüssel von rohem Thon, Taf. III, 23 (H. 19 cm, Dm. 38 cm), mit geringer Wölbung und ausgebogenem kurzem Rande darstellte, welche allerdings zum Verschluss der grossen Urne über dieselbe gestülpt gewesen war. Auf ihrem Boden sass dann, gleichfalls umgekehrt, mit der Oeffnung nach unten (in der Stellung 24 a), als „Knopf" das zierliche Gefäss Taf. III, 24 (H. 9 cm, oberer Dm. 10 cm), von grauem Thon, mit hohem Hals und einer Verzierung von feinen Parallellinien um die Wölbung und 4 sog. Brustwarzen, einem auf norddeutschen Gefässen viel benützten, unter den unserigen bisher kaum bekannten Ornamentmotiv. Der Inhalt der grossen Urne endlich bestand aus wahrscheinlich verbrannten Knochenstückchen, die leider verschleudert wurden, ehe ihre Untersuchung möglich gewesen wäre, einem unverzierten, schmalen, 15,5 cm langen Bronzemesser von der Form Taf. III, 30, und aus den Bruchstücken von nicht weniger als sieben ferneren Thongefässen. Das grösste derselben war die auffallend schöne schwarzgraue Schale, Taf. III, 25 (H. 15 cm, Dm. am Rand 26 cm), für deren Einbringung die Randöffnung der grossen Urne eben noch weit genug gewesen war; um den oberen Theil der Wölbung ist sie zierlich geschmückt mit auf 2 Seiten, je über einem Kreuz von 3 Punkten aufsteigenden, wagrechten Hohlkehlen und diese von einander trennenden Reihen kleiner schief eingeritzter Striche; dazu kamen das runde flache Tellerchen Taf. III, 26 (Dm. 10 cm), mit unten flachem, oben convexem Boden und einer Verzierung von Kreisbögen auf der inneren Seite, das kleine schwarzgraue Gefäss Taf. III, 28 (H. 7,5 cm), dem „Knopf" III, 24 sehr ähnlich, aber ohne dessen eigenthümlichen Schmuck, und vier kleine flache Schalen, Taf. III, 27 (H. 4 cm, Dm. 15 cm) mit wagrecht ausladendem Rande, davon 3 vollständig, eine wenigstens in Bruchstücken vorhanden.

Weitere Nachgrabungen an der Fundstelle sind möglich, mussten aber für gelegenere Zeit aufgespart bleiben. Schon jetzt ist aber nicht zu bezweifeln, dass auch hier ein Urnenfriedhof zu erwarten ist, welcher in seinen Gefässformen mit dem von Huttenheim unverkennbare Verwandtschaft zeigt. Man beachte den hohen Hals von III, 22 im Vergleich mit IV, 2, die Aehnlichkeit von III 24 und 28 mit IV, 5 und 7, von III, 25 mit IV, 11, von III, 26 mit IV, 6 und die Kreisbogenverzierung bei III, 26 im Vergleich mit IV, 4, 7 und 14. Allerdings zeigen sich auch neue Formen, wie IV, 23 und 27, aber in unverkennbarer Stilverwandtschaft; eigenthümlich ist die schwarzgraue Farbe der feineren Gefässe, welche wahrscheinlich von Graphit (besonders III, 25, 26 und 28 zeigen solchen Glanz) herrührt, der aber nicht nur auf der Oberfläche aufgetragen ist, sondern, wie Bruchstücke zeigen, von Anfang der Masse des Thones beigemischt erscheint[1].

Ladenburg, Sinsheim etc.

Weiter Rheinthalabwärts gelangen wir nach dem durch seine bedeutenden römischen Reste viel bekannten Ladenburg. Von dort besitzt die Gr. Alterthümer-Sammlung eine Anzahl

[1] Die Funde von einem dritten Urnenfriedhof bei Wallstadt, östlich von Mannheim, an welchen, wie bei Huttenheim, Reihengräber angrenzen, befinden sich seit 1863 in der Sammlung des Mannheimer Alterthums-Vereins und stimmen mit denen von Huttenheim und Oftersheim ziemlich überein, indem sie zugleich deren Formenkreis etwas erweitern. Auch hier grössere Urnen, in denselben kleinere, Bruchstücke von Bronze und verbrannte Knochen. Von Thongefässen finden sich wieder die Formen Taf. IV, 3, 6, 10, konische Näpfe, ein Gefäss ähnlich III, 24, aber mit hohem, cylindrischem Hals und spitzigen Buckeln an der Wölbung, u. A.; dann Spinnwirtel und zierliche kleine Anhänger von Thon, von Bronze grosse Nadeln mit dicken, rundlichen, verzierten Köpfen, Radnadeln (Lindenschmit, Alterth. uns. heidn. Vorzeit I, IV, 4, 1 und 3), glatte Armspiralen, Knöpfe (an einem vielleicht Eisenreste), und das Fussende mit Knöpfchen einer kleinen Fibel von der Form Taf. V, 9.

Auch das Grossh. Hof-Antiquarium in Mannheim besitzt einige Thongefässe von denselben Typen und analoger Verzierung, wie die Stücke von Oftersheim. Es ist nicht unwahrscheinlich, dass sie einmal an diesem Orte gefunden worden sind.

zusammengehöriger charakteristischer Gegenstände (zum grösseren Theile abgebildet im Photogr. Album der Berliner Austellg. v. 1880, Sect. VII, Taf. 8), welche wahrscheinlich (leider fehlt der Fundbericht) einem Hügelgrabe entnommen sind. Sie bestehen sämmtlich aus Eisen, den Formen nach vollständig dem, was der Pfahlbau la Tène (s. pag. 34 oben) geliefert hat, entsprechend. Es ist das von dorther bekannte Eisenschwert mit charakteristischer Scheide (ein Exemplar geflissentlich zusammengebogen), ferner der eiserne Schildbuckel mit 2 breiten Flügeln, die Speerspitze, die Fibula von Eisen und eine schöne, wohlerhaltene eiserne Zierkette mit 5 hübschen Endgliedern geschmückt[1].

Wenden wir uns darauf von der Linie Huttenheim, Oftersheim, Ladenburg ostwärts, so betreten wir das von Decan Wilhelmi untersuchte Gebiet im Neckarhügelland mit den Grabhügeln bei „den 3 Bückeln" und im Osterholz bei Sinsheim, bei Ehrstädt, Walldorf, Treschklingen, Rappenau, Hüffenhardt, endlich bei Wiesenthal.

Wir sehen ab von der Wiederholung seiner durch ihre begeisterte Sprache anziehenden und in ihrer fast durchgängigen Genauigkeit musterhaften Darstellungen, welchen in den 2 besonderen Schriften (s. o. pag. 1) auch die wünschenswerthen Abbildungen nicht fehlen, während für das, was die Jahresberichte der Sinsheimer Gesellschaft leider ohne solche mittheilen, zum grössten Theil noch die Orginale selbst (sämmtliche Sinsheimer Funde wurden auf Wilhelmi's Veranlassung 1850 in der Gr. Alterthümersammlung niedergelegt) zur Verfügung stehen. Immerhin scheint angezeigt, einige bemerkenswerthe Resultate seiner Untersuchungen besonders hervorzuheben.

Urnenfriedhöfe wurden von Wilhelmi nicht gefunden; seine Untersuchungen galten einer Anzahl von kleineren und grösseren Grabhügelgruppen, an welchen das Neckarhügelland reich ist. Die Hügel haben im Ganzen übereinstimmenden Charakter, der bei aller Aehnlichkeit doch von dem der bisher beschriebenen nicht unwesentlich abweicht. Die äussere Form eines Kugelsegments ist dieselbe; dagegen sind sie im Allgemeinen kleiner, manchmal dafür höher; solche mit 18 m Dm. und 2,50 m H. („drei Bückel bei Sinsheim") gehören schon zu den bedeutendsten. Manchmal finden sich, nicht weit entfernt, ebenso grosse trichterförmige Gruben, aus welchen das Material zu den Hügeln genommen sein konnte (Beschrbg. der 14 Todtenhügel b. Sinsheim p. 13)[2]. Steinsetzungen werden nicht genannt (einzelne Steine s. u.); Leichenbrand kommt nirgends vor[3]; überall finden sich menschliche Skelette, fast immer mehrere Todte in einem Hügel, und zwar in noch sichtbaren besonderen Gräbern, in beliebiger Richtung hingelegt, gewöhnlich in 2—3 Schichten übereinander bestattet. Die innere Structur der Hügel deutet darauf hin, dass „immer zuerst der Fuss wohl bis zu einer Höhe von 60—120 cm aufgeschüttet, und also eine erhabene runde Fläche, eine Schaubühne gleichsam, zur Vornahme der Beerdigung der Todten selber und der bei noch so superstitiösem Volke gewiss zahlreichen Beerdigungsgebräuche errichtet wurde. In diese Fläche wurden die ersten Gräber oft bis in den gewachsenen Boden hinab, aber nie tiefer als höchstens 60 cm in denselben selbst, mit scharfen schneidenden Instrumenten, ganz nach Art unserer heutigen Gräber, in einem länglichen Viereck eingestochen, und es bekam das ganze Grab höchstens eine Tiefe von 120—150 cm, oft nur 60—90 cm. Darauf wurde der Hügel höher aufgebaut und in die zweite Fläche kam wieder eine Lage Todter. Ueber diesen endlich wurde der Hügel noch mehr erhöht und zugespitzt, und nachdem auf eine dritte Fläche nochmals ein Todter oder auch zwei, höchstens drei zu Grabe gebracht waren, wurden zuletzt auch diese noch mit Erde bedeckt und der Hügel geschlossen. Wahrscheinlich waren es Familiengräber."

---

[1] Von Ladenburg besitzt die Sammlung des Mannheimer Alterthumsvereins auch einen Bronzefund aus einer Kiesgrube (gef. 1863), darunter eine Dolchklinge, ein Beil mit Schaftlappen, eine glatte Armspange, [illegible] Enden und hohle solche mit dem Verschluss Taf. I, 23; dabei eine kleine, nur 3 cm lange Fibel [illegible] Taf. V, 9.

[2] S. bei Gottmadingen pag. 13 unt.

[3] [illegible] Beschrbg. der 14 Todtenhügel b. Sinsheim pag. 22, ist im Zusammenhang mit einer „Brandstelle (Opferstätte)" auch von angebrannten menschlichen Knochen die Rede.

Häufig sind in der Aufschüttung einzelne Kohlenreste und Thonscherben zerstreut; gewöhnlich bergen die Hügel in der Mitte auch noch grosse Brandstellen auf roth gebrannter Thonlage mit Kohlenresten und mit Thierknochen; ihre viereckige Form ist manchmal durch 4 grosse Steine an den Ecken markirt. Wilhelmi hält sie für Opferstätten (bei Treschklingen scheint ein Hügel sogar nur eine solche Opferstätte enthalten zu haben) und weist darauf hin, dass in denselben manchmal Steinwerkzeuge gefunden werden.

Bei Betrachtung der mehr oder weniger reichen Beigaben fällt vor Allem die viel ausgiebigere Verwendung des Eisens auf. Es finden sich Eisenschwerter in Eisenscheiden, oft mit Ringen von Eisen oder Bronze vom Wehrgehänge, nach dem Typus der Funde von la Tène, allerdings ohne die reiche dort gewöhnliche Scheidenverzierung[1]), immer rechts von der Leiche gelegt, während das Gehänge um den Leib oder von der linken Schulter herabkommend zu denken war; Speereisen mit Tüllen in verschiedener Grösse und Form, Hals- und Fingerringe (keine Armringe) von Eisen. Fibeln wie in la Tène, eine Zierkette, ein Haarzängchen. Aber auch von Bronze ist ausgiebiger Gebrauch gemacht. Halsringe sind offen, in zwei verzierte Knöpfe endigend, oder mit Oesen zum Schliessen, oder mit dem Verschluss Taf. I, 1 u. 2 versehen; Arm- und Fussringe haben ähnliche Formen, sie sind entweder bandartig, oder rund im Querschnitt, mit Endknöpfen, oder hohl mit dem Verschluss Taf. I, 23, oder glatte Spiralbänder mit bis zu 20 Windungen, oder (Rappenau) breite Bänder (über den Füssen), deren beide Enden in Drahtspiralen sich aufrollen (abgebildet im Photogr. Album der Berliner Ausstellung v. 1880, Sect. VII, Taf. 9); Ohrringchen bestehen aus einfachem Bronzedraht; Fibeln (über der linken Schulter, oder auf der Brust), erscheinen in verschiedenen Gestalten; meist sind es solche, oft reich verzierte, mit zurückgeschlagenem Fuss (17 Exemplare abgebildet im Photogr. Album der Berliner Ausstellung von 1880, Sect. VII, Taf. 14); darunter auch die aus den Hügeln von Ihringen bekannte Form Taf. VI, 9, hier von Sinsheim, eine Bogenfibel von dort, mit welcher vielleicht das Fragment aus Salem Taf. I, 21 übereinstimmt, und eine zweite ähnliche mit fast gerade gestrecktem Bogen (Beschreibg der 14 Todtenhügel von Sinsheim, Taf. III, 33); endlich aus Rappenau eine Fibel mit zwei sich an den Scheiteln berührenden Menschenköpfen[2]). In den Gräbern von Ehrstätt fand sich auch ein, wie es scheint glattes Gürtelblech (I. Sinsheimer Jahresbericht v. 1831, pag. 36).

Edelmetall wurde nirgends gefunden, ausser einem Ohrringchen von Golddraht in einem der Hügel von Walldorf (III. Sinsheimer Jahresbericht von 1833).

An Thongefässen ist die Ausbeute verhältnissmässig unbedeutend; es gelang auch nur in wenigen Fällen, sie unversehrt den Grabhügeln zu entnehmen, oder sie aus den Bruchstücken zusammenzusetzen. Die (leider nicht mehr vorhandenen) Scherben werden von Wilhelmi im Allgemeinen als roh bezeichnet, von schwärzlichem oder braunem Thon, manchmal nur aussen, seltener innen und aussen mit einer rothen Thonschicht überkleidet. Einzelne rundliche Gefässe haben einen hohen Hals (birnförmig mit dem Stiel nach oben), der in einem Fall mit parallelen Punktkreisen verziert ist; eine rohe flache runde Schale (Dm. 10 cm) zeigt wenig zurückgebogenen Rand; eine ähnliche, aber scharf und schön, man könnte sagen in römischem Profil gearbeitete (Wilhelmi nimmt an, sie sei auf der Töpferscheibe gemacht), von feiner und fester Masse geformte (H. 6 cm, Dm. 15 cm) ist verloren gegangen (abgebildet: Beschreibung der 14 Todtenhügel von Sinsheim, Taf. IV, 13).

Eine willkommene Ergänzung bietet die 1881 durch Prof. Baumann in Mannheim unternommene Ausgrabung zweier weiterer Hügel bei Walldorf (südl. v. Heidelberg). In dem zweiten

[1]) Leider haben die Eisenfunde der Sinsheimer Sammlung, weil man Präservirungsmassregeln bei Zeiten versäumte, viel gelitten, etliche sind aus diesem Grunde ganz verloren gegangen.

[2]) S. V. Sinsheimer Jahresbericht 1836, pag. 8.

stiess man 1 m tief gerade unter dem Gipfel auf zwei zerdrückte grössere Thongefässe nebeneinander. Nachträglich wieder zusammengesetzt zeigt das grössere von schwarzem Thon eine weit ausgebauchte Form von 48 cm Dm. und 38 cm H. mit niederem, nach aussen geschweiftem Hals (im Ganzen des Typus Taf. IV, 20); das andere von gelbem Thon und verwandtem Profil, aber zugleich an Taf. IV, 13 erinnernd, trägt auf dem oberen Theil der Wölbung eine einfache Verzierung von 4 mal je 3 eingedrückten senkrechten Streifen (ähnlich Taf. I, 7). Es misst 25 cm in der Höhe bei 31 cm Weite. Beide Gefässe enthielten Grabasche(?) und je eine halbkugelige schwarze Schale von 11 cm Oeffnungsweite (wie Taf. II, 11). In dem einen fanden sich Stücke eines Eberkiefers.[1])

Von Thon werden aus Sinsheim auch noch Spinnwirtel und eine Kinderklapper genannt.

Ziemlich häufig sind blaue Glasperlen, in einem Fall in grösserer Zahl auf Eisendraht zu einem Halsbande zusammengereiht; einige grössere sind gelbbraun mit blau und weissen Augen. Seltener sind Bernsteinperlen, diese dann flachgedrückt (von Sinsheim und Rappenau).

Besonders merkwürdig ist das verhältnissmässig häufige Vorkommen von Steinwerkzeugen, Messern von Feuerstein (Hornstein) und Beilen von Serpentin, mitten unter den Resten einer ausgebildeten Bronze- und Eisentechnik. Ob sie, wie Wilhelmi glaubt, als altheilige Cultusgegenstände anzusehen sind, mag unentschieden bleiben. Ein „herzförmig durchbohrter Jaspiskiesel zum Anhängen (Beschreibung der 14 Todtenhügel von Sinsheim, Taf. III, 11) erinnert an den Taf. V, 6 abgebildeten Stein von Hügelsheim.

Ein ganz eigenartiges Interesse beanspruchen endlich noch die von Wilhelmi untersuchten Grabhügel von Wiesenthal, östlich von Philippsburg, welche durch die immer streng von Ost nach West gerichtete Lage der Leichen, durch die charakteristischen Formen der Metallbeigaben und durch ihre grauen Gefässe, neben denen sich auch Scherben von römischer terra sigillata befinden, von den bisher geschilderten scharf unterschieden sind und als der späteren fränkisch-alemannischen Periode der Reihengräber angehörig angesehen werden müssen.[2])

Ausser Zusammenhang mit den Sinsheimer Grabhügeln, aber an deren Funde sich anschliessend, mag hier noch einer besonders schönen Bronzefibel, Taf. V, 10 (L. 9,5 cm), Erwähnung geschehen, welche von S. K. H. dem Grossherzog der Gr. Alterthümer-Sammlung überlassen wurde. Ihr zurückgeschlagener Fuss endigt in eine runde Scheibe und über ihr in einen bärtigen Männerkopf. Rücken und Scheibe waren ursprünglich ohne Zweifel mit Koralleneinlage verziert. Der Fundort ist ziemlich sicher badisch, sonst leider nicht bekannt.

Auf dem Gebiete der Thätigkeit Wilhelmi's im Neckar-Hügellande sind aus neuerer Zeit ausser der Ausgrabung von Prof. Baumann in Walldorf nur noch zwei von uns vorgenommene Grabhügel-Untersuchungen zu besprechen, die eine in der Gegend von Spranthal bei Bretten, die andere bei Gemmingen. Einige andere am Südabhange des Odenwalds (so bei dem Ahornhof

[1]) Fundbericht im Corresp.-Bl. der Westdeutschen Zeitschrift für Geschichte und Kunst I. No. 3. Trier 1882. Baumann fand in den Urnen Reste vom Leichenbrand. Ein Skelett lag (ohne Beigaben) 3 m südöstlich von der Mitte, wo die Urnen standen. Die Sammlung des Mannheimer Alterthumsvereins enthält indessen von einer früher (1863) von ihm vorgenommenen Grabung noch einige weitere bemerkenswerthe Fundstücke aus Walldorf. Dahin gehören die Fragmente einer kleinen Thonschale vom Typus Taf. III, 2, ferner von Bronze massive dünne Armringe und Gürtelblechstücke mit Reihen kleiner Buckeln an den Enden und sehr feiner Verzierung im Tremolirstich auf der Fläche; endlich von Eisen ein grosses, 90 cm langes Schwert in eiserner Scheide (5,7 cm breit), vollkommen der in den Gräbern von Hallstatt vorkommenden Form (Sacken, Grabfeld von Hallstatt, Taf. VI, 1) entsprechend.

[2]) s. Lindenschmit, Handb. d. deutschen Alterthumskunde, I. p. 87.

unweit Boxberg) ergaben zu unsichere Resultate, als dass sie sich schon, ehe noch weiteres Material gesammelt ist[1], zuverlässig verwerthen liessen.

Spranthal, A. Bretten.

Eine Stunde südlich von Bretten, bei Spranthal, sendet ein bewaldeter Hügelzug eine das übrige Gelände ziemlich überragende Kuppe, das sog. „Schänzle" als Vorberg gegen Westen aus. Mitten auf derselben steigt ein fast runder stattlicher Hügel von 4 m H. und 26 m Dm. auf, und 30 m westlich davon zeigt sich eine zweite, kaum 60 cm Höhe erreichende Bodenerhebung von etwa 16 m Dm., welche gleichfalls als Grabhügel angesprochen werden konnte. Beide Hügel wurden Mitte April 1883 auf Veranlassung des Karlsruher Anthropol. und Alterthums-Vereins unter der schätzbaren Mitwirkung des Herrn Worner in Bretten einer sorgfältigen Untersuchung unterworfen.

Der erste grössere, auf dessen Gipfel man eine liebliche Fernsicht genoss, schien allerdings schon äusserlich nicht mehr unberührt, doch war von einer früheren Ausgrabung nichts bekannt. Schon in 65 cm Tiefe stiess man auf der südöstlichen Seite auf die noch ziemlich erhaltenen Reste eines Eisenschwerts in eiserner Scheide, mit 60 cm Klingenlänge und dem Charakter der Schwerter von la Tène. Etwas tiefer (1 m) lag wenig entfernt ein Ringchen (Dm. 1 cm) von dickem Golddraht (3 Theile Feingold und 1 Theil Silber), weiter gegen die Mitte ein Stück von einer Speerspitze von Eisen. An 4 Stellen zerstreut zeigten sich Feuerstein-Splitter, wie sie sonst in dem dortigen Boden nicht gefunden werden, an 3 anderen Punkten einige zusammengestellte grössere Feldsteine, während die aufgeschüttete Erde überall von eingestreuten Kohlenstückchen durchzogen schien, auch wohl da und dort kleine, rohe, innen schwarze, aussen röthliche Thonscherben enthielt. In der Mitte selbst fand man endlich auf dem gewachsenen Boden Knochenreste eines einst von S. nach N. gelegten Skeletts, dessen einzelne Stücke gewaltsam aus ihrer ursprünglichen Anordnung gebracht erschienen. Da Beigaben in unmittelbarer Nähe fehlten und die oben berührten Funde gleichfalls nicht mehr an ihrer ursprünglichen Stelle lagen, aber doch wohl der Leiche angehört haben mussten, so konnte mit Recht an eine frühe Durchwühlung und Beraubung der schon durch ihre bevorzugte Lage auffälligen Grabstätte gedacht werden, bei der vielleicht das Goldringchen übersehen wurde oder verloren ging und Werthloseres liegen blieb. Auffallend war noch in dem Hügel nahe der Mitte eine rechteckige Stelle des gewachsenen Bodens (170 cm l., 95 cm br.), welche weicher als dieser, also aufgeschüttet zu sein schien, wie die von Wilhelmi beschriebenen „Gräber". Bei 55 cm Tiefe erreichte man aber auch hier wieder den festen Grund, ohne auf irgend Beachtenswerthes, auch nicht etwa auf eine Brandstelle, gestossen zu sein.

Ganz eigenartig war der Bau der zweiten kleineren Grabstätte. Schon unmittelbar unter der Oberfläche der sehr unbedeutenden Erhöhung kam eine Menge grösserer Steine zu Tag. Genauer gestaltete sich das Ganze als ein grosser, vollständiger, oval um die Mitte (von N. nach S. 7 m, von O. nach W. 5,7 m) gelegter Steinring, bestehend aus aufrecht gestellten, wenig nach aussen geneigten Steinplatten von durchschnittlich 30 cm Höhe, innerhalb dessen grössere und kleinere unbearbeitete Steine bis auf 50 cm Tiefe unregelmässig, an einer Stelle, von der Mitte an gegen Osten hin, besonders zahlreich, zusammengeworfen waren. Nach Entfernung der Steine zeigten sich eben an dieser Stelle auf dem gewachsenen Boden von Ost nach West niedergelegt ziemlich zerstörte Knochenreste, darunter ein Unterkieferstück

[1]) Anregung zu weiteren Untersuchung in dortiger Gegend gab der Bericht des Herrn Conrady in Miltenberg über Ausgrabung eines Grabhügels im Höpfinger Wald nördl. von Walldürn, wo unter einer Steinsetzung nur sehr spärliche Reste von Knochen, ungewiss ob verbrannt oder unverbrannt, ohne alle Beigaben, auch ohne Thonreste gefunden wurden. S. Beil. z. Karlsruher Zeitg. v. 30. Nov. 1880.

mit Zähnen, augenscheinlich von einer älteren Person. Oestlich am Fussende waren beisammen kleine, dicke, sehr rohe, schlecht gebrannte Scherbenstücke eines Thongefässes, innen fast in der halben Dicke roth, aussen gelblich mit schnurähnlich eingedrückten Zigzagverzierungen. Das Gefäss dürfte ungefähr die Taf. III, 31 gezeichnete Form mit derselben Verzierung, oder die der Huttenheimer Urne Taf. IV, 20 gehabt haben. In der mittleren Körpergegend lagen drei besonders schöne Steinwerkzeuge, ein gut gearbeiteter geschliffener und durchbohrter Steinhammer von grauem Amphibolschiefer (L. 12 cm), ein kleines geschliffenes Steinbeil von demselben Material (L. 4,6 cm) und ein auffallend grosses solches wohl polirtes, hellgrünes von Jadeït (L. 9,4 cm, Br. 5,1 cm).

Nun kam aber innerhalb des grossen Steinringes in der Tiefe des gewachsenen Bodens (ca. 50 cm) bald eine zweite ähnlich angelegte Steinumgrenzung zu Tage, welche in südnördlicher Richtung in schmaler, lang gezogener, am Süd- und Nordende etwas abgerundeter Form, 3,5 m lang und wenig über 1 m breit, sich über die Mitte der Hügelgrundfläche wie ein besonders eingefasstes Begräbniss erstreckte (die oben beschriebenen Skelettreste lagen also in dem Ringe zwischen beiden Steinkreisen auf dessen östlicher Seite). Sie umschloss auch wirklich ein etwa 60 cm unter dem gewachsenen Boden vertieftes, gleichfalls mit grossen Steinen unregelmässig aufgefülltes Grab, in dessen Grunde die nicht unerheblichen Reste eines zweiten, wahrscheinlich weiblichen Skelettes sichtbar wurden, welches sich noch in ursprünglicher Lage zu befinden schien. Vielleicht war diese eine sitzende gewesen, da die noch gut erhaltenen Schädelfragmente mit ganzem Ober- und halbem Unterkiefer in der Beckengegend angetroffen wurden. Ueber dem Schädel fand sich ein kleiner dicker Eisenring von 3 cm Dm., vielleicht zum Haarschmuck gehörig (ähnlich bei Wilhelmi in den „drei Bückeln" bei Sinsheim); die Unterschenkelknochen steckten beiderseitig in dünnen, massiven, runden, offenen Fussringen von Bronze, von 10 cm Dm, mit wenig verzierten, kaum merklich dickeren Endknöpfen. Die theilweise grüne Färbung der Armknochen liess auch auf das Vorhandengewesensein von Armringen von Bronze schliessen. Deutliche Reste von Holz unter den Schenkelknochen endlich scheinen darauf hinzuweisen, dass die Leiche auf einem Brette liegend bestattet worden war. Von einer Brandstelle fand sich keine Spur.

Es lag nahe, die beiden Grabhügel (ähnlich wie bei Hügelsheim) in Beziehung zu einander zu bringen, etwa als die eines Häuptlings und seiner Frau; in welcher Verbindung aber die Leiche im Ring des zweiten Hügels mit der in der Mitte vertieft gelegten, also vielleicht älteren gestanden haben mag, wird sich schwerlich entscheiden lassen. Schon das Vorhandensein der beiden Steinringe, und der eigenthümliche Umstand, dass die Bestattung in dem Raum zwischen ihnen quer in der Richtung des Halbmessers von W. nach O. gelegt war, während die in der Mitte gefundene Leiche von S. nach N. lag, sind für uns bis jetzt ungewohnte Erscheinungen.

Noch ist der Erwähnung werth, dass nur eine halbe Stunde von den Hügeln entfernt, zwischen den Dörfern Bauschlott und Nussbaum, auf einem Wiesenabhange sich die noch sehr deutlichen Reste einer ausgedehnten römischen Niederlassung befinden. Allerdings fehlt in den Grabhügeln von römischem Einfluss jede Spur.

Gemmingen, A. Eppingen.

Im Walddistrict „Kuhbach", 3/4 Stunden nordöstlich von Gemmingen, erhebt sich ein vereinsamter Grabhügel von 20—22 m Dm. und wenig über 1,50 m H. Er steht wahrscheinlich im Zusammenhang mit der nahen Hügelgruppe von Richen (s. Wilhelmi, VIII. Sinsheimer Jahresbericht 1842, p. 76).

Im Beisein des Besitzers, S. Exc. des Gr. Oberstkammerherrn Freiherrn von Gemmingen, wurde derselbe Mitte September 1883 ausgegraben. Man stiess in dem hellen, sandigen, aber dennoch fetten Lehm auf zwei Bestattungen.

Die eine, wenig südlich von der Mitte, zeigte sich schon in 50 cm Tiefe. Nach den Beigaben zu schliessen, war sie von S. nach N., mit dem Kopfende gegen Süden gelegt; freilich waren von der Leiche selbst nur noch 2 Zahnkronen erhalten. In der Kopfgegend lag ein massiver, glatter, 5 mm dicker Halsring von Bronze von 21 cm Dm. mit zierlichem, rechtwinklig aufgebogenem und in eine Oese des andern Endes sich einfügendem Verschlussknöpfchen, dabei unkenntliche Bronze-Zierstückchen und ein sehr kleiner, flacher, rhombisch geschlagener Feuerstein. Anscheinend auf der Brust schloss sich ein zweiter Bronzering von derselben Art, wie der Halsring, nur noch grösser (28 cm Dm.), an (ob zweiter Halsring oder Gürtel?); in der Gegend der Füsse erschienen 2 massive, fast 1 cm dicke geschlossene Fussringe von Bronze (Dm. 11,3 cm). Zerstreut lagen Reste eines dünnen massiven Bronze-Armringes und ein flaches Stück Eisen, noch 8,5 cm lang und durchgängig 3 cm breit, dem Fragment einer Schwertklinge nicht unähnlich.

Die zweite ohne Zweifel ältere Bestattung war gleichfalls schon in 50 cm Tiefe, unmittelbar westlich von der Mitte des Hügels, angedeutet durch eine Steinsetzung von ca. 150 ungeordnet an- und aufeinandergelegten, 10—30 cm langen rohen Sandsteinen. Unmittelbar unter denselben fand sich bis auf den gewachsenen Boden hinab ausser zerstreuten Kohlenstückchen keine weitere Spur. Allein auch hier wieder war ein rechteckiges Stück, 1,50 m lang, 1 m breit, in dem sonst sehr harten Grunde auffallend weich und feucht und erwies sich als ausgetieftes Grab, denn 50 cm tiefer stiess man auf ein noch auffallend wohlerhaltenes Skelett mittlerer Grösse, wahrscheinlich von einem älteren Manne, das mit dem Kopf gegen Westen (der Schädel war leider zerschlagen), den Blick gegen Süden gewendet, auf seiner rechten Seite mit stark in die Kniee hinaufgezogenen Beinen in der auffallend kurzen Grube lag. Die Leiche schien im Schoss mit den Händen ein in Stücke zerdrücktes graues Thongefäss zu halten, neben welchem ein Häufchen kleinerer Thierknochen von einem Schaf oder Reh auf ein mitgegebenes Fleischstück hindeuteten. Das roh bearbeitete Gefäss zeigte nach Zusammensetzung der Stücke die Taf. III, 31 wiedergegebene Form mit hohem Hals (H. 22 cm) und einer durch Reihen kleiner schiefer Eindrücke hervorgebrachten, in ziemlich ungleichmässig gezogenen Parallelkreisen und dreieckigen Zacken verlaufenden Verzierung, von derselben Art wie bei den im Steinkreise des zweiten Grabhügels von Spranthal gefundenen Scherben (s. o. pag. 43). In der Gegend des Schosses lag ferner ein 7 cm langes, aus weissem Feuerstein geschlagenes Werkzeugchen, (Taf. III, 31 a.), sonst keinerlei Beigaben, besonders keine Spur von Metall. Die Bestattung machte auf den ersten Blick, besonders dem weiter oben liegenden Bronzefund gegenüber, den Eindruck besonders hohen Alters; man konnte geneigt sein, sie bis in die Steinzeit hinaufzurücken. Nach den von Wilhelmi beschriebenen analogen Funden zu schliessen, scheinen aber doch die beiden Bestattungen näher zusammengestellt werden zu dürfen, da in jenen Grabstätten, wie auch bei Spranthal, Steinwerkzeuge und Thonscherben mit derselben Schnurverzierung unmittelbar zusammen mit Beigaben von Bronze und Eisen vorzukommen pflegen.

Zusammenfassende allgemeine Bemerkungen.

Es ist begreiflich, dass das Interesse, welches die Funde der beschriebenen Art von ihrem ersten Bekanntwerden an auf sich zogen, bei aller Aufmerksamkeit auf die Gegenstände selbst, doch unmittelbar in der Frage nach ihrer Herkunft, nach ihrer Zeitstellung und nach den Volksstämmen, von welchen sie herrühren konnten, gipfeln musste. Ebenso begreiflich sind die Schwierigkeiten, welchen die Beantwortung dieser Fragen über Perioden menschlicher Culturentwickelung begegnen muss, von welchen keinerlei Art schriftlicher Ueberlieferung auf uns gekommen ist. Hier erhebt sich das verwickelte und schwer zu lösende Problem, einzig die Gegenstände selbst reden zu lassen, ihrem Stoff, ihrer Gestalt und der Wechselwirkung beider, wie sie sich in der fortschreitenden Entwickelung der Formen kundgibt, das gewünschte Zeugniss abzuverlangen, um Einsicht in die grundlegenden Zustände zu gewinnen, aus welchen die historischen Daseinsformen der Völker hervorgegangen sind, und so schliesslich die Urgeschichte mit den Anfängen der Geschichte selbst zu verknüpfen.

Indem man nun zunächst den Stoff, welcher in prähistorischer Zeit bearbeitet wurde, ins Auge fasste, ergab sich die schon von Dichtern des Alterthums (Lucretius) angenommene bekannte Dreitheilung derselben in eine Stein-, Bronze- und Eisenperiode, welche zuerst durch skandinavische Forscher (Thomsen 1836) ihre wissenschaftliche Aufnahme und Begründung fand. Viel bekämpft wurde in der Folgezeit diese Eintheilung besonders mit Beziehung auf die gegenseitige Stellung der Bronze und des Eisens, so dass der Vorschlag (A. Ecker) gerathen schien, zunächst eher auf Grund einer Zweitheilung in eine vormetallische und eine metallische Zeit sich zu verständigen.

In den letzten Jahrzehnten hat aber das Untersuchungsmaterial eine ungeahnte Erweiterung erfahren. Insbesondere waren es grosse, zusammenhängende, weit ausgedehnte Leichenfelder aus vorgeschichtlicher Zeit in Oberitalien (bei Bologna, Marzobotto etc. in den 50er Jahren) und diesseits der Alpen in Oesterreich (bei Hallstatt, seit 1846; bei Watsch, St. Margarethen, Maria-Rast in Steiermark) und reiche Pfahlbautenfunde in der Schweiz, welche nicht nur über chronologische Zusammengehörigkeit bekannter Formen, sondern, da man dort häufig die Reste verschiedener Perioden übereinander gelagert fand, auch über ihre zeitliche Aufeinanderfolge neuen Aufschluss gaben. Auf Grundlage der vergleichenden Untersuchung dieses neuen Stoffs durch verschiedene Forscher[1]) neigt man sich nun, bei aller Mahnung zur Vorsicht in dem dunkeln Gebiete, aufs Neue der alten Dreitheilung zu. Die vormetallische Zeit konnte nie bezweifelt werden. In Italien und in den Pfahlbauten der Schweiz[2]) haben sich aber die Reste einer glänzend entwickelten Periode vorgefunden, welche, soviel bis jetzt bekannt, von Metallen nur die Bronze verwendete, so dass nicht unberechtigt scheint, für ihre Bezeichnung den Namen der Bronze-Zeit wieder einzuführen. Als charakteristisch für sie werden in den Pfahlbauten der Schweiz u. A. hufeisenförmige Armbänder in Gestalt eines klaffenden Reifs mit Endstollen, im südwestlichen Deutschland grosse Nadeln, besonders solche mit radförmigem Kopfe, Dolche, platte Armbänder, die sich an den Enden in zwei Spiralen auflösen, genannt.

Auf sie folgt eine ausserordentlich reiche Periode der Verwendung von Bronze und Eisen, welche besonders deutlich durch die oben berührten alten Nekropolen Oberitaliens gekennzeichnet ist. Diesseits der Alpen gehört ihr das berühmte grosse Gräberfeld von Hallstatt zu, und man fasst für Deutschland unter dem Namen der Hallstatt-Periode[3]) die Zeit, in welche man die gleichen oder nachweislich verwandten Funde verschiedener Orte versetzen zu dürfen glaubt, zusammen. In den Halstatter Gräbern finden sich neben den Beigaben von Bronze auch solche von Eisen; Leichenbrand und Bestattung sind neben einander vorhanden. Die Schwerter sind theils von

[1]) Vergl. Undset, Études sur l'âge de Bronze de la Hongrie, Christiania 1880; dessen „Erstes Auftreten des Eisens in Nord-Europa", deutsch v. J. Mestorf, Hamburg 1882. O. Tischler, im Corresp.-Bl. der Deutschen Anthropol. Gesellschaft 1881, p. 121 ff., Ders., über die Formen der Gewandnadeln in den Beitr. zur Anthropologie und Urgeschichte Bayerns IV. Bd., 1881.

[2]) S. V. Gross, les Protohelvètes, Berlin 1883, mit 33 Tafeln in Lichtdruck v. J. Bachmann in Karlsruhe.

[3]) Der Gebrauch, ganze Perioden mit den Namen von Hauptfundorten zu belegen, hat sich als bequem und unverfänglich erwiesen, wenn man festhält, dass diese Fundorte keineswegs die einzigen, vielleicht nicht einmal die wichtigsten sein müssen, sondern dass nur eine unter anderen auch durch sie charakterisirte Phase der Culturentwickelung bezeichnet wird.

Bronze, theils von Eisen, letztere lang, mit schwerer breiter Klinge und flacher Griffzunge; die Dolche haben gewöhnlich eiserne Klingen, oft mit einem Griff von Bronze; kleine Aexte (Celte) kommen in der Mehrzahl von Bronze, aber auch von Eisen vor; die Speerspitzen sind gewöhnlich aus Eisen gefertigt. Den Schmuck bilden eherne Spiral-, Bogel-, Pauken- und Schlangenfibeln; prächtige Gürtelbleche von Bronze sind mit getriebenem Ornament verziert. Die Bronzegefässe sind quergerippte Eimer (Cisten), oder zeigen aus Blech durch Vernietung hergestellte, nicht gegossene, Formen verschiedener Art; die Thongefässe sind oft bemalt. Die ganze Cultur trägt gemischten Charakter; Beziehungen zu Norditalien sind unverkennbar, aber auch Einheimisches macht sich geltend. Die lange andauernde Periode wird von Tischler (a. a. O.) in zwei Hauptabtheilungen, eine „ältere" und „jüngere" Hallstatter Periode getheilt, deren genaue Scheidung indessen noch weiterer Forschung überlassen bleiben muss. Für ihre Zeitbestimmung fehlt es nicht ganz an Anhaltspunkten; so fand sich in dem ihrem jüngeren Abschnitte zuzuzählenden bekannten „Fürstengrabe" bei Ludwigsburg eine griechische Schale mit rother Figur auf schwarzem Grunde, welche in das Ende des fünften vorchristlichen Jahrhunderts zu versetzen ist. Soviel scheint sicher, dass die Periode mit dem ungefähr um das Jahr 400 vor Chr. erfolgten Einbruch der Gallier ein schroffes Ende gefunden hat. Ihr Beginn ist schwieriger zu bestimmen; man ist geneigt, ihn in den Anfang des ersten Jahrtausends vor Chr. zu verlegen; dann würde für die früher genannte italische und die die Alpen nördlich umziehende Bronzecultur das zweite Jahrtausend vor unserer Zeitrechnung in Anspruch zu nehmen sein. Auf die Beantwortung der Frage nach der Herkunft und Nationalität der Völkerstämme, welche die Träger dieser Culturentwickelungen gewesen sind, näher einzugehen, fiele über den Rahmen der vorliegenden Darstellung hinaus; wir müssen uns hier bescheiden, sie der eben in lebendigem Flusse befindlichen Forschung zu überlassen[1]).

Eine andere Fundgrube für die älteste Erscheinung des Eisens neben der Bronze in Mitteleuropa sind die Urnenfriedhöfe, welche ihren Ausgangspunkt in Norditalien nehmen und über das österreichische Gebiet hin verbreitet sind. Einer der südlichsten ist bei Maria-Rast in Steiermark.[2]) Hier herrscht Leichenbrand; die verbrannten Gebeine sind in eine Urne gesammelt und in dieser in geringer Tiefe in den Erdboden eingesetzt. Die Urne ist mit kleinen Steinen umstellt, mit einem flachen Steine bedeckt; oben auf den verbrannten Knochen sind kleinere Thongefässe und Schmucksachen von Bronze niedergelegt. Die Gefässformen erinnern zum Theil an die Vorkommnisse in unsern Urnenfeldern von Huttenheim, Oftersheim und Wallstadt.

Eine neue selbständige Periode wird charakterisirt durch eine wichtige Schweizer Fundstätte, den Pfahlbau la Tène bei Marin am Neuenburger See.[3]) Hier erscheint neben der Benutzung der Bronze eine hoch entwickelte Eisenindustrie. Die Bronzeschwerter verschwinden ganz; die eisernen „la Tène-Schwerter" haben lange gerade Klingen von mässiger Breite; der Griff ist ein mit Holz bekleideter schmaler Dorn mit kleinem Endknopf, die Scheide von dünnem Eisenblech ist oben bogenförmig abgeschnitten und oft eigenthümlich verziert. Die gleichfalls eisernen Speerspitzen sind flach mit starker Mittelrippe; charakteristisch ist auch ein breiter, bandförmiger Schildbuckel von Eisen. Die „la Tène-Fibel", bald von Eisen, bald von Bronze, zeigt ein zurückgebogenes Schlussstück, das sich rückwärts an den Bügel anlehnt und an denselben befestigt ist; in Südwestdeutschland gesellt sich zu ihr die eigenthümliche Form einer mit Thier- und Menschenköpfen verzierten Fibel von Bronze. Die ehernen Hals- und Armringe laufen häufig an den Enden in petschaftartige Knöpfe aus. Viele, oft kostbare Schmuckstücke und Metallgefässe (z. B. die „Schnabelkannen") sind spätetruskischen Ursprungs, durch Handel über die Alpen gebracht. Besonders wichtig sind mitgefundene Münzen von Silber und Gold („Regenbogenschüsselchen")

[1]) S. darüber die Schrift von Dr. Ludwig Wilser, Die Herkunft der Deutschen. Karlsruhe, G. Braun, 1885.

[2]) S. Gundacker Wurmbrand, das Urnenfeld von Maria-Rast, im Archiv für Anthropologie XI, Undset, das erste Auftreten des Eisens etc. pag. 32.

[3]) S. Keller, 6. Bericht in den Mittheilungen der Züricher Antiquar. Ges. Bd. XV.

gallischen Ursprungs, barbarische Nachbildungen massaliotischer und macedonischer Muster. Beachtet man weiter, dass die Verzierungen der Schwertscheiden denselben Charakter barbarisirender Formen nach klassischen Mustern zeigen, und dass Waffen mit dem Typus von la Tène auf den Schauplätzen der Kämpfe Caesars mit den Galliern in Frankreich gefunden werden, so wird man die entsprechende Cultur, über deren Ursprung noch nichts Bestimmtes sich feststellen liess und in welcher einheimische Erzeugnisse sich mit südlichen Importartikeln mischen, als eine nordalpinische, gallische bezeichnen dürfen, deren Blüthe in die Jahrhunderte unmittelbar vor der Invasion der Römer in Gallien und Germanien fällt und welche, zwar jünger als die durch die Funde von Hallstatt charakterisirte, sich doch nicht aus der letzteren, sondern selbständig entwickelt hat. Ihr Verbreitungsbezirk geht im Allgemeinen von Frankreich aus in grossem Bogen, mit schwacher Abzweigung nach Oberitalien, über die Schweiz und den Mittelrhein bis Böhmen und Ungarn hin; in manchen Gebieten tritt sie zugleich mit den Resten der Hallstattperiode auf, was dann für die Unterscheidung der Erzeugnisse von beiden manchmal besondere Schwierigkeiten schafft. In ihren Gräbern herrscht Bestattung vor, Leichenbrand ist selten, oder kommt überhaupt nicht vor. Gegen die römische Kaiserzeit hin verschmolz dann die einheimische Industrie dieser Culturperiode mit der römischen zu einer neuen, der römischen Provinzialindustrie, deren Reste auch auf badischem Boden aus einer Reihe von römischen Niederlassungen auf uns gekommen sind.

Wie reihen sich nun in diese Periodeneintheilung unsere badischen vorgeschichtlichen Grabstätten ein? Schon aus dem Bisherigen geht hervor, dass in der That auch unter ihnen sich je nach ihrer Form und den Eigenthümlichkeiten ihrer Einschlüsse mehrere Gruppen unterscheiden lassen. Es handelt sich also nur noch darum, diese Gruppen bestimmter zu kennzeichnen, ihre Gebiete abzugrenzen und, soweit möglich, ihre zeitliche Stellung anzugeben.

Unter die erste derselben befassen wir die Grabhügel in der Nähe des Bodensees und weiterhin bis gegen den Schwarzwald und die Schwäb. Alb. Sie tragen, soweit sie aus den bisherigen Ausgrabungen bekannt sind, ein auffallend gleichmässiges Gepräge. Ueberall finden sich Leichenbrand und Bestattung nebeneinander[1]; bald in demselben Hügel, bald in getrennten, aber benachbarten Grabstätten. In den meisten Fällen ruhen die Reste des Todten auf dem gewachsenen Boden, selten tiefer[2]; gewöhnlich ist eine mit mehr oder weniger Sorgfalt angeordnete Steinsetzung vorhanden, welche dieselben oder die Beigaben bedeckt, manchmal fehlt eine solche ganz. Brandstätten finden sich da und dort von verschiedener Grösse, ohne dass freilich im einzelnen Falle sicher festgestellt werden könnte, ob sie von der Verbrennung der Leiche, oder von Opfern, oder vom Leichenmahl herrühren; kleine Kohlenreste sind fast immer in der ganzen Masse des Hügels zerstreut, manchmal auch einzelne Thonscherben, denen indessen schwerlich besondere Bedeutung zuzuschreiben ist.[3] Die Skelette und Schädel zeigen im Ganzen gleichmässig den von A. Ecker festgestellten „Hügelgräbertypus" (s. p. 9 Anm.). Die Metallbeigaben sind theils von Bronze, theils von Eisen, und zwar in Formen, welche sie unzweifelhaft der Periode

[1]) Dass manchmal (Gemeindewald Hof, Gottmadingen) der Leichenbrand in höheren Regionen des Hügels liegt, als die Bestattung, also etwas späterer Zeit angehört, wird, so lange die Beigaben nicht wesentlich verschieden sind, chronologisch kaum von Bedeutung sein.

[2]) Nach Mittheilungen des Herrn Oberlandesgerichts-Raths v. Föhr in Stuttgart befinden sich in den Grabhügeln der Schwäb. Alb die Bestattungen häufiger unter dem gewachsenen Boden, und man hat sich dort zu hüten, nicht zu früh mit der Grabung aufzuhören.

[3]) F. Keller (Mittheilungen d. Zürcher Antiquar. Ges. III. 1847) in seiner Beschreibung der helvet. Heidengräber und Todtenhügel, sagt p. 65, es scheine ausser Zweifel, dass das Hineinwerfen von Scherben und Kieselsteinen in die Erde, womit der Leichnam bedeckt wurde, ein allgemein verbreiteter Gebrauch war, dessen Bedeutung jedoch noch nicht ausgemittelt sei. J. Naue hat in den Grabhügeln von Pullach keine zerstreuten Scherben gefunden. Am Bodensee sind sie im Ganzen spärlich.

von Hallstatt zuweisen. Es finden sich Schwerter von Eisen mit langer und breiter Klinge wie die in Hallstatt gefundenen (von Salem, p. 5, Honstetten, p. 16), von Bronze an verschiedenen Orten (Bittelbrunn, p. 17, Gurtweil, p. 19, Nenzingen, p. 20, Weizen, p. 20, dann Gündlingen, p. 23 Anm.), der Eisendolch von Salem (p. 8) und Eisenspeere Hallstätter Art (Taf. VI, 18, 19). Nicht minder weisen die Schmuckgegenstände auf jene Periode hin; unter ihnen die auf unserem Gebiete freilich auffallend spärlich vorkommenden Fibelformen, die Bogen-, Schlangen- und Paukenfibel (Taf. I, 4, 20, V, 11—15), ferner die Hals- und Armringe und vor Allem die Gürtelbleche, glatte (Taf. I, 3), geometrisch verzierte (Taf. II, 15, 16) oder solche mit eingestanzten kleinen Rosetten, menschlichen und Thierfiguren (Gemeinmarker Hof, p. 11, Waldhausen, p. 19). Ganz besonders charakteristisch für unsere Grabhügelfunde der Bodenseegegend und, fügen wir gleich hinzu, auch des Kaiserstuhls, sind aber die farbig verzierten Thongefässe, welche das Grabfeld von Hallstatt gleichfalls, wenn auch vielleicht spärlicher (s. Sacken, über dass. Taf. XXVI) enthält.

Wir haben diese Gefässe nach ihren Formen und ihrer Verzierung bereits oben (p. 5 u. 16) kennen gelernt und fügen nur noch einige Bemerkungen bei. Das für uns fremdartige ihrer Gestalten beruht am meisten auf der Eigenthümlichkeit, die sie übrigens ziemlich mit allen vorgeschichtlichen Gefässen der verschiedensten Länder gemein haben, dass ihnen entweder der Fuss ganz fehlt, oder dass sie wenigstens von verhältnissmässig sehr kleinem flachem Fuss aus mit grosser Ausbauchung sich zu erheben pflegen. Prof. Leop. Gmelin in München gibt hiefür in seiner Schrift über die Elemente der Gefässbildnerei (München, Fr. Moises 1885) folgende, wie wir glauben ausreichende Erklärung: Die ersten Thongefässe waren natürlichen Formen, Früchten (Kürbissen und dergl.) Muscheln etc. nachgebildet; sie erhielten daher keinen horizontalen Fuss; man spitzte sie im Gegentheil häufig nach unten zu, um sie besser in die Erde feststellen zu können. „Die horizontale ebene Grundfläche war überhaupt so lange überflüssig, als die primitive Baukunst noch nicht dahin gelangt war, ebene, horizontale Flächen zu schaffen, auf welche man die ebenen Füsse stellen konnte. Auf dem von Natur fast nirgends ebenen Boden lassen sich unten abgerundete Gefässe mindestens ebenso leicht feststellen, als solche mit Fuss. Schon der einfache Versuch lehrt, wieviel weniger bequem es ist, einen befussten Krug, als einen Flaschenkürbis z. B. in waldigem Terrain so aufzustellen, dass er nicht leicht umfällt. Das Bedürfniss, Gefässe, die für den Gebrauch auf dem Feuer bestimmt waren, also unten nicht mit einer Spitze versehen sein durften, auch auf dem unebenen, aber festgetretenen Boden aufzustellen, führte dann auf die Erfindung des Wulstes, wie er von Thon aus Schweizer Pfahlbauten bekannt ist, oder auf die Benützung des Dreifusses, der zu den wichtigsten der antiken Geräthformen zählt." Am bemerkenswerthesten ist vielleicht die birnförmige Urne, deren Erfindung, da sie unseres Wissens in Italien nicht vorkommt, nordalpinischen Ursprungs sein wird und wahrscheinlich eben unserer Periode, wenn nicht schon einer früheren[1], angehört. Sie eignet sich gut für theilweises Eingraben in den Boden (der untere Theil ist nie verziert) und bietet, auf das Feuer gestellt, dessen Einwirkung zweckmässig eine grosse Fläche dar. Ihre Grundform wird auch noch in späteren Perioden beibehalten (s. Taf. IV, 20) und erscheint zuletzt wenig umgebildet, mit wulstigem Rande und oft steifer, mit der Töpferscheibe bearbeiteter Wölbung in unserer provinzial-römischen Keramik.

Ueber die nicht ganz leicht zu erklärende technische Behandlung unserer Gefässe und ihrer Verzierung haben F. Keller[2] und neuestens J. Naue (über die Gräber von Pullach) beachtenswerthe Bemerkungen gemacht, welche durch ein von der Steingutfabrik von Villeroy und Boch in Mettlach auf Grund noch fortzusetzender Versuche gegebenes Gutachten in dankenswerther Weise ergänzt werden. Danach ist der Thon geschlemmt, aber mit kleinen Steinkörnern von Granit oder Quarz oder Kalk absichtlich vermischt, um den Wandungen beim Brennen mehr

[1]) Ansätze dazu z. B. in unseren Urnenfeldern; s. Taf. IV, 3, 13.

[2]) Mittheilungen d. Züricher antiquar. Ges. III. 1847.

Festigkeit zu geben. Die Töpferscheibe wurde wahrscheinlich noch nicht benützt; doch bediente man sich ohne Zweifel anderer, mehr oder weniger verwandter Hilfsmittel. Vielleicht gebrauchte man, wenigstens bei offenen Schüsseln, Kernformen, über welchen man die Thonwandungen bildete, oder hölzerne Profilmodelle (Naue), mit denen man aussen und innen den überflüssigen Thon ringsum abstreifte und die Wände glättete. Jedenfalls kam der Arbeit eine durch viele Uebung hoch ausgebildete Handfertigkeit der Töpfer zu Hilfe. Das fertig geformte Gefäss wurde am offenen Feuer schwach (250—400° R, bei verschiedenen Stücken verschieden, Villeroy und Boch) gebrannt, blieb ritzbar, ohne Zweifel unglasirt (s. übrigens pag. 14 unt.) und durchdringlich, wie noch heute viele südländische Krüge. Besondere Uebung muss die Herstellung des Ueberzugs mit einer feinen, dünnen, geschlemmten Thonschicht aussen und innen erfordert haben. Das Ornament, das nur aus geometrischen Formen, geraden Linien oder eingedrückten kleinen Kreisen besteht, nie pflanzliche oder thierische Formen, wie in der Keramik der Antike, benützt, mag auf Textilmuster zurückzuführen (Naue), oder der Verzierung der Bronzen entnommen sein (vergl. z. B. Taf. I, 1, 2 mit Taf. VII); es bedeckt immer nur den oberen Theil der Wölbung, während der Fuss (des Einstellens in die Erde wegen) unverziert bleibt. Bei roheren Gefässen, welche fortwährend auch mit den feinsten zusammen vorkommen, somit neben diesen im Gebrauch blieben, ist es häufig durch Reihen von Fingereindrücken gebildet (Taf. III, 32); bei feineren wurden vertiefte Linien mit spitzem oder manchmal viereckigem Querschnitt (Taf. I, 14) mit einem Stichel eingerissen oder auch eingeschnitten, jedenfalls vor dem Brande, solange das Gefäss noch nicht getrocknet (V. und B.), immerhin, wenn es nicht mehr ganz feucht und weich war (Naue). Die kleinen, vertieften Dreiecke und Vierecke (Taf. I, 8, 10, 14) sind vielleicht (V. und B.) mit kleinen Blechformen eingedrückt, so dass die ausweichende Erde (wie mit einem Uhrschlüssel) in das Innere des Röhrchens getrieben wurde. Bei dem Ornament mit kleinen Strichreihen (Taf. I, 11) mag ein Zahnrädchen (Naue) Dienste gethan haben. Von Farben ist (V. und B.) Roth fein geriebener Thon, der, nachdem das Gefäss abgedreht war, mit dem Pinsel vor dem Brennen, oder nach einem ersten leichten Brande, aufgetragen wurde. Schwarz liefert Graphit (vielleicht auch Braunstein oder sonst schwarze Erde, V. und B.). Seine Benutzung muss Schwierigkeiten geboten haben, da er bei zu grosser Hitze verbrennt; wahrscheinlich wurde ihm irgend ein Flussmittel zugesetzt, denn er haftet gewöhnlich noch heute so fest, dass er auch mit Wasser nicht abgerieben werden kann. Weisse Ausfüllungen wurden nach dem Brande wahrscheinlich in glühendem Zustande aufgetragen, das Ueberflüssige liess sich durch Abschaben entfernen; ein neues Brennen war nicht nöthig. Gewöhnlich, aber nicht immer (wie in Pullach, Naue) sind die farbigen Ornamente umrissen; häufig ist auch Farbe auf Farbe aufgemalt (Taf. I, 9, 18, II, 17, 19, VII). Die Art der Aufstellung der Thongefässe, wo ihrer mehrere zusammen gefunden wurden, konnte bis jetzt nur in Gottmadingen (Taf. II, 1, 3) und Buchheim (Taf. III, 1—3) sicher beobachtet werden. Häufig sind zwei oder mehrere derselben oder verschiedener Art in und aufeinander gestellt; sie müssen in diesem Falle leer dem Todten mitgegeben worden sein. Dass, wie F. Keller und Naue a. a. O. behaupten, die Gefässe in neuem, wenigstens ungebrauchtem Zustande in die Gräber gebracht wurden, fanden auch wir im Allgemeinen bestätigt; sie mussten aber darum nicht ausdrücklich zu Begräbnisszwecken verfertigt worden sein. Im Gegentheil, da selbst als Urnen zur Bewahrung des Leichenbrandes verschiedene Formen, gewöhnlich einfachere, nicht oder wenig verzierte, nur immer am Rand mehr oder weniger eingezogene, verwendet wurden, ist anzunehmen, dass die sämmtlichen Arten der gefundenen Gefässe im damaligen häuslichen Leben im Gebrauch gewesen sind. Die halbkugeligen Näpfe waren ohne Zweifel Trinkschalen, und da sie häufig in den birnförmigen Urnen, wohl als Schöpfgefässe, gefunden werden, ist anzunehmen, dass die letzteren gewöhnlich zur Bewahrung von Flüssigkeiten, vielleicht von berauschenden Getränken, dienten. Gleichen Zweck haben wohl auch die Bronzekessel mit ihren Schöpfgefässen (s. p. 21) erfüllt. Bei ihnen an Bedürfnisse des religiösen Grabcultus zu denken (Naue), mag nahe liegen, wie bei den vorkommenden

Steinwerkzeugen oder den Eberzähnen (Dehoff, Wilhelmi), ohne dass dafür eine ausreichende Begründung gegeben werden könnte. Merkwürdig bleibt jedenfalls in allen unseren vorgeschichtlichen Begräbnissen der gänzliche Mangel an sicherem Hinweis auf den Cultus oder auf andere religiöse Vorstellungen als die, dass der Todte im Jenseits fortlebe und seine irdischen Waffen und Geräthe, sowie Trank und Speise auch dort wieder finden müsse.

Ueberblicken wir nun die geographische Verbreitung dieser unserer Hallstatt-Gruppe, so ergibt sich folgendes Resultat: Die Hügel in der Bodenseegegend bis gegen die Schwäb. Alb und den Schwarzwald hin tragen ziemlich gleichmässigen Charakter. Was sich bei Salem, bei dem Gemeinmärker Hof, bei Allensbach, Hödingen, Bittelbrunn, Honstetten etc. gefunden, zeigt wenig Verschiedenheit; fraglich ist freilich, ob nicht die Bronzefunde von Nenzingen und Weizen (p. 30) einer früheren, etwa der Bronzeperiode angehören, wofür immerhin die Form der bei Nenzingen gefundenen Nadeln sprechen könnte. Auch in den Hügeln von Gottmadingen ist die Grundform der Thongefässe (Taf. II, 1, 3, 5) dieselbe, wie an den angegebenen Orten, auch hier befindet sich unter ihnen eine kleine farbige Urne (1, e). Schwieriger ist die Beurtheilung der (übrigens von denen von Huttenheim und Ottersheim ganz verschiedenen) Einschlüsse des Urnenfriedhofs. In demselben herrschen die kürbisförmigen (II, 9, 10) und auf der ganzen Oberfläche graphitschwarzen Gefässe vor. Indessen fand sich doch auch hier eine schwarz und roth verzierte birnförmige Urne, und andererseits befindet sich ein kürbisförmiges Gefäss aus Honstetten in der Sammlung von Donaueschingen. Ferner ist in unserem Urnenfriedhof Eisen (Taf. II, 13) constatirt; also werden wir schwerlich fehlgehen, ihn gleichfalls der Periode von Hallstatt, vielleicht einem etwas früheren Abschnitte derselben, als die Hügelgräber, zuzuweisen. Immerhin ist die theilweise Eigenart der Gefässformen an dem Orte bemerkenswerth; sie scheint zu beweisen, nicht nur, dass die Thonindustrie in jener Zeit eine locale gewesen ist, sondern auch, dass sie bei allem Festhalten an den Grundformen doch selbst schon in verhältnissmässig kleinen Entfernungen ihre mehr oder weniger selbständigen Wege ging.

Auch am Kaiserstuhl begegnen wir unzweifelhaft derselben Hallstattcultur. Wir verweisen auf die Bronzen von Ihringen (Taf. VI, 1—10), wobei wir uns freilich über die Einreihung der Fibel VI, 9 mit zurückgeschlagenem Fusse eines massgebenden Urtheils enthalten müssen, auf das Bronzeschwert und auf die Metallgefässe von Gündlingen (p. 23 Anm.). In Buchheim sind die Eisenspeere (III, 7) von derselben Form wie die aus dem Gemeinmärker Hof (VI, 18); die Thongefässe (Taf. III, 1—3, 8, VII) sind bemalt, aber in Zeichnung und Farbe wesentlich feiner bearbeitet und in den Ornamentmotiven etwas abweichend von denen am Bodensee. Auch in Gündlingen kommen bemalte Gefässe vor (III, 17 und p. 23 Anm.); etliche sind auf der ganzen Oberfläche geschwärzt (III, 10—16) wie die Stücke aus dem Urnenfelde von Gottmadingen; es treten neue, aber zum Theil verwandte Gefässformen (zum ersten Mal auch Deckel) auf, so die Schüsseln, III, 15, 16, die Urne mit hohem Rande III, 9 und das oben besprochene merkwürdige Fragment III, 18. Ja, selbst in nebeneinanderstehenden Gräbern zeigt sich innerhalb desselben Formenschatzes mehr oder weniger Verschiedenheit, wieder ein Beweis für die damalige locale Selbständigkeit der Industrie, die innerhalb sich naheliegender Zeiträume einen gewissen Fortschritt gemacht zu haben oder wenigstens durch gewisse unbedeutendere Veränderungen hindurchgegangen zu sein scheint.

Schreiten wir weiter nördlich, so werden die vornehmen Hügel von Kappel und Hügelsheim mit ihren Wagenresten, ihren südländischen Bronzegefässen, ihrem Goldschmuck, ihrer Schlangenfibel (IV, 27) immer noch der Periode von Hallstatt, wenn auch der jüngeren Entwickelung derselben, zuzuschreiben sein. Zu ihr sind dann wohl auch der Armschmuck V, 1—3 und die Fibel V, 7 mit den Thongefässen IV 22—25 aus den kleineren Grabhügeln von Hügelsheim[1]) zu rechnen. Eines dieser Gefässe zeigt noch, wenn auch nicht vollkommen deutlich, Farbenzier.

[1]) Die dort gefundenen Fragmente eines Eisenschwerts und einer Eisenfibel zeigen keine deutlich bestimmbaren Formen. Sie konnten auch einer späteren Bestattung angehören.

Dass die Hallstattcultur sich im badischen Lande noch weiter nördlich erstreckt hat, wird durch Funde wie die von Walldorf (p. 41) und das ihnen zugehörige Mannheimer Eisenschwert, dann durch solche in den Nachbarländern (Nessel'sche Sammlung in Hagenau, etc.) bewiesen. Ein beachtenswerthes Resultat unserer Untersuchungen ist aber, dass die so sehr charakteristische **Industrie der bemalten Thongefässe in Baden nicht weiter nördlich reicht, als bis zum Kaiserstuhl, höchstens vielleicht noch bis in die Gegend von Rastatt.** Bekannt ist uns dieselbe bis jetzt aus Oesterreich[1]), aus Böhmen, aus Bayern (Pullach), aus Württemberg und Hohenzollern, wo sie nur bis zum Nordrand der Schwäb. Alb sich zu erstrecken scheint[2]) und aus der Schweiz (F. Keller, u. A.).

Dies alles zusammengenommen führt uns zu einem nicht unwichtigen zweifachen Ergebnisse, nämlich einestheils zu der Annahme, dass während die Hallstattcultur eine grosse Entwickelung durch ganz Mitteleuropa erfahren hat, eine bestimmte, durch die farbigen Gefässe charakterisirte Region derselben sich in einem Gürtel längs des Nordrands der Alpen hinzieht, von Osten nach Westen über das obere Donaugebiet in der Art fortschreitend, dass in unseren Gegenden der Nordrand der Schwäb. Alb und ungefähr der Kaiserstuhl ihre nördliche Grenze bilden, und anderntheils dazu, dass innerhalb dieser Region kleinere locale Unterschiede beobachtet werden können, welche besonders deutlich in den Formen der heimischen Thonindustrie zum Ausdruck kommen.

* *

Eine zweite Gruppe bilden die **Urnen-Friedhöfe von Huttenheim, Ottersheim und Wallstadt.** Aus der gegebenen Schilderung des wenigen, was bisher aus ihnen zu Tage gefördert werden konnte, geht die gesonderte Stellung, welche ihnen angewiesen werden muss, unzweideutig hervor. Vor allem scheint hier ausser dem Vorherrschen des Leichenbrands und der eigenthümlichen Art der Bestattung die bereits beschriebene Form und Verzierungsweise der Thongefässe (Taf. IV, 1—16; III, 22—29), sowie die Beschränkung der Metallfunde auf solche von Bronze bezeichnend. Ob unsere Fundstätten mit dem Urnenfelde von Maria-Rast (p. 46) zusammenzustellen sind, wo die Anfänge der Benutzung des Eisens beobachtet wurden, ist vorläufig auf Grund des noch spärlich vorhandenen Materials kaum zu entscheiden. Näher liegt der Vergleich mit den Erzeugnissen der Bronzeperiode der Schweizer Pfahlbauten, und hier zeigt sich auf dem Gebiete der Thongefässformen manche Analogie[3]); ebenso auf dem der Bronzen, wenigstens der Messer und der Nadeln, während der sonstige mannigfaltige Reichthum jener Niederlassungen an Gegenständen aus Bronze bis jetzt unseren Urnenfriedhöfen fehlt. Das wenige, was wir aus ihnen besitzen, zeigt etwas schweren, fast plumpen Charakter, so die Huttenheimer Nadel Taf. IV, 17 und die Nadeln von Wallstadt.[4]) Aehnliche Stücke sind auch aus andern Orten des Landes bekannt[5]); neben ihnen besitzen wir eine ziemliche Anzahl verschiedener anderer Einzelfunde von Bronzen, auf deren Betrachtung, da sie im Allgemeinen nicht Grabstätten angehören, hier verzichtet werden muss.

Ohne Zweifel birgt unser Boden noch eine grössere Anzahl solcher Urnenfriedhöfe; dass

[1]) Z. B. der Grabhügel von Pillichsdorf in Niederösterreich; Mitth. d. Anthrop. Ges. in Wien IX, No. 9—10.

[2]) Nach Untersuchungen des Herrn Oberlandesgerichtsrath v. Föhr in Stuttgart und Lehrer Gfrörer's in Inneringen, welcher letztere auf der Schwäb. Alb selbst eine Thonwerkstätte mit vielen Scherben und mit Vorrathsstücken farbiger Thone gefunden zu haben glaubt (Pers. Mittheilung dess.).

[3]) Man vergleiche uns. Taf. IV, 1 mit Gross, les Protohelvètes, Taf. XXXI, 2; Taf. IV, 3 und 14 hier mit Taf. XXXI, 18 dort und besonders Taf. IV, 5, 7, 12 hier mit Taf. XXXII, 5, 11 dort; auch Taf. IV, 4 hier mit Taf. XXXII, 22 dort.

[4]) Merkwürdig ist das Vorkommen eines Bruchstücks der Fibel von der Form Taf. V, 9 bei Wallstadt, und einer ganzen solchen Fibel in dem Bronzefund von Ladenburg (p. 30, Anm.)

[5]) Nadeln vom Typus Taf. IV, 17 vom Wartenberg bei Donaueschingen; ein Grabfund von Kenzingen ab Egg in dess. Gegend mit ähnlichen Nadeln und Armbändern mit eingravirten kleinen Halbkreisen (eine mitgefundene röm. Münze dürfte späteren Ursprungs sein), Radnadeln von Stettfeld bei Bruchsal etc.

sie bis jetzt nicht gefunden wurden, hängt naturgemäss mit der Begräbnissweise, welche über der Bodenfläche keine Spuren zurückgelassen hat, zusammen. In Beziehung auf ihre chronologische Stellung beschränken wir uns auf die Annahme, dass sie älter sind als unsere oben geschilderte Hallstätter-Periode, und dass sie vielleicht, dann wahrscheinlich auch wieder zusammen mit Grabhügeln, von denen uns noch zu wenig bekannt ist, als Begräbnissstätten einer einst bei uns blühenden Bronzeperiode gelten können.

Die dritte Gruppe endlich umfasst die Periode von la Tène. Im badischen Oberlande, wo sie doch bei der Nachbarschaft der Schweiz erwartet werden müsste, finden sich merkwürdigerweise ihre Erzeugnisse bis jetzt nicht; erst in den Grabhügeln von Huttenheim und dann im Neckarhügelland tritt sie auf badischem Boden, nicht sehr glänzend, aber doch in ziemlicher Ausdehnung und mit mannigfaltigen Fundstücken auf, deren Kenntniss wir den eifrigen Forschungen Wilhelmi's verdanken.

Ihre Erscheinungsformen sind bereits geschildert. Ueberall hat sie ihre Leichen in Hügeln bestattet; Verbrennung ist nirgends sicher constatirt. Steinsetzungen sind uns, ausser in den merkwürdigen Hügeln von Spranthal und von Gemmingen nirgends begegnet; die Todten sind innerhalb des Hügels meist in ausgetiefte Gräber eingesenkt. Besonders charakteristisch sind die Funde von Ladenburg (p. 38 unt.) mit ausgiebiger Verwendung des Eisens, dann die Eisenschwerter von Huttenheim, von Sinsheim, die Bronzefibeln von letzterem Ort, zum Theil mit zierlichen Einlagen von Email, die schöne Fibel Taf. V, 10, die Eisenfibeln verschiedener Fundorte. Merkwürdig erschien das häufige Vorkommen von Steinwerkzeugen, von Feuerstein, von Amphibolschiefer, sogar von Jadeit. Der Vorrath an Thongefässen ist, wie im Pfahlbau la Tène selber[1]), leider sehr gering; wir besitzen nur die wenigen Urnen von Huttenheim, das Gefäss von Gemmingen, und einige Abbildungen von Gefässen und Bruchstücken aus Wilhelmi's Ausgrabungen von Sinsheim. Die ersteren (Taf. IV, 20) dürfen als Fortbildung der alten, birnförmigen Urne, glatt oder mit roher sehr alt hergebrachter Verzierung, angesehen werden; das zweite (Taf. III, 31) scheint mit seinem hohen Halse mit anderen von Wilhelmi beschriebenen (s. p. 40) zu stimmen; zu letzteren gehört eines (Beschr. der 14 Todtenhügel von Sinsheim Taf. IV, 15), bei welchem man bereits an römischen Einfluss zu denken geneigt ist.

Wie indessen die birnförmige Urne in Huttenheim, so scheinen auch andere Fundstücke aus früheren Perioden in gleichen oder in modifizirten Gestalten in unsern Gräbern der la Tène Cultur wiederzukehren. Wir erinnern an die einfachen, glatten, massiven Bronzeringe, aber auch an hohle mit dem Taf. I, 23 angegebenen Verschluss, an die Bronzefibel von Huttenheim (Taf. V, 9), an die Gürtelbleche von dort (Taf. VI, 20) und von Ehrstätt (p. 40), an die Bronzekessel (p. 21, Anm. 4), an Glas- und Bernsteinperlen u. a. m. Wahrscheinlich ist der Grund hiefür nicht nur darin zu suchen, dass im Neckarhügellande die Reste der la Tène Cultur neben denen aus früheren Perioden gefunden werden, sondern auch darin, dass sie hier ohne Zweifel von letzteren bei ihrem Erscheinen beeinflusst worden ist. Die Feststellung des chronologischen und typologischen Charakters der Fundstücke wird dadurch nicht wenig erschwert und für ihre Beurtheilung ist gesteigerte Vorsicht nöthig, solange nicht noch viel ausgedehntere und genauere Untersuchung der vielen noch vorhandenen Grabhügel jener Gegend stattgefunden hat.

Wir haben bereits gesehen, dass triftige Gründe vorhanden sind, die Cultur der la Tène-Periode für eine gallische zu halten, die sich ohne Zweifel von Westen her verbreitet hat. Vielleicht wurde ihrem Eindringen in unsere mittleren und oberen Rheingegenden durch deren damals sumpfigen Charakter und durch die Unwirthlichkeit des Schwarzwaldes Halt geboten, so

[1]) Dr. Gross schreibt hierüber: „La poterie fait presque entièrement défaut à la Tène; il n'existe que quelques fragments."

dass sie nur einerseits südlich in der Schweiz, andererseits nördlich im unteren Neckarhügellande sich verbreiten konnte. Hier stiess sie, wie es scheint, auf die Ausgänge einer Hallstatt-Periode, welche verschieden von der in der Gegend des Bodensees und des Oberrheins herrschenden sich entwickelt haben musste, und nun, nicht ohne auch noch ferner ihre Spuren zurückzulassen, sich mit dem neuen Eindringling verschmolz.

Alles zusammengefasst, erhalten wir ungefähr das folgende Bild der vorgeschichtlichen Entwickelung auf unserem heimathlichen Boden:

Wir besitzen Spuren vom Dasein des Menschen auf demselben schon zur Zeit, als noch das Rennthier am Abhange des Schwarzwalds lebte (A. Ecker's Funde von Munzingen bei Freiburg), und können das Fortschreiten seiner Cultur in der vormetallischen Zeit verfolgen in den Pfahlbaufunden des Bodensees mit ihren Werkzeugen aus Stein und Bein und ihrer primitiven, aber bereits nicht ganz kunstlosen Töpferei. In denselben Pfahlbauten zeigen sich dann die Reste einer Periode mit, wie es scheint, ausschliesslicher Benützung der Bronze, und ähnlichen Charakter besitzen die bis jetzt bekannten Urnenfriedhöfe von Wallstadt, Oftersheim und Huttenheim. Nach ihnen entwickelt sich die mit dem Namen des Gräberfeldes von Hallstatt bezeichnete Cultur im Genuss von Bronze und Eisen, bis jetzt weniger deutlich im nördlichen Theile des Landes, dafür um so ausgeprägter in der Seegegend und am Oberrhein bis zum Kaiserstuhl oder wenig nördlicher, mit Elementen, die von Osten her der oberen Donau entlang ihren Weg zu uns genommen zu haben scheinen, wobei ein starker Einfluss des vom Süden über die Alpen kommenden Handels nicht ausser Auge gelassen werden darf. In den letzten Jahrhunderten vor unserer Zeitrechnung erscheint darauf, von Westen vorschreitend, die gallische la Tène-Cultur, deren Ausbreitung, soviel uns bis jetzt bekannt ist, sich auf das Neckarhügelland beschränkt. Sie findet ihr Ende durch die römische Invasion, welche die römische Provinzialcultur an ihre Stelle setzt. Diese endlich unterliegt vom 3. Jahrh. nach Chr. an dem Eindringen der Alemannen und Franken, deren Todte in den jüngsten Grabhügeln, den von Wilhelmi bei Wiesenthal entdeckten, und in den im ganzen Lande zahlreichen Reihengräber-Friedhöfen ihre Ruhe gefunden haben.

Erklärung der Tafeln.

Tafel I.

Funde aus Grabhügeln von Salem: 1. 2. Halsringe, Br.[1]) 17,5 u. 15,5 inn. Dm. 3. Gürtelblech v. Br. mit Lederresten, 20,3 L. 4. Fragmente einer Br.-Fibel, 5 L. 5. Thonurne, roth, 18 H. 6. Dass., in Fragmenten, blauroth u. schwarz. 7. Dass., Thonfarbe. 8. Dass., in Fragmenten, rothgelb, mit roth und schwarzer Verzierung und weisser Kreideeinlage, schwarzem Rand. 9. Thonschüssel, dunkelroth, mit schwarzen Zierlinien, 9,5 H., 32,5 Dm. 10. Thonurne (wie 8.), 18,5 H. 11. Schüssel, thonbraun, mit gestrichelter Verzierung, 27 Dm. 12. 13. Halbkugelige Näpfe (Trinkschalen), 11,5 und 12 Dm. 14. 15. Thonscherben, verziert. 16. Trinkschale, 10 H., 22 Dm. 17. Thonurne, rothgelb, mit schwarz und rothen Bändern, 29 H. 18. Dass., blauroth, mit aufgemalten schwarzen Linien, 25 H. 19. Thonschüssel, blauroth, farbig verziert an Rand und Mitte, 25 Dm. 20. Schlangenfibel, Fragm. v. Br., 2,5 L. 21. Fibelfragment, Br., 4,1 L. 22. Armringfragm., Br. 23. Armringverschluss, Br.

Tafel II.

1—3, 5. Grabhügelfund von Gottmadingen: 1. Thongefässe in ursprünglicher Stellung: a. Urne, blaugrau, 40 H., b. Schüssel mit Strichverzierung, 26,5 Dm., c. Urne, roth, 20 H., d. Krügchen, roth, 13 H., e. kleine Urne, gelblich mit braunrothen Streifen, schwarzem Rand, 10 H. 2. Griff von Eisen an einer Kette, 5,5 L. 3. a. b. Zwei Urnen, im Hügel höher liegend, a. leer, 16 H., b. mit Leichenbrand, 6 H. 4. a. Kleine Thonurne, 10 H.; in derselben b. Trinkschale, aus dem Urnenfeld von Gottmadingen. 5. Dickwandige Schale, 13,7 Dm., aus dem Grabhügel von da. 6. Armband, Br. (Urnenfeld). 7. Haarzängchen etc., Br., 6 L. (ebendaher). 8. Nadel von Br., 17 L. Wiesengrund südl. v. Urnenfeld. 9—13. Thongefässe vom Urnenfeld: 9. Urne, schwarz, mit Verzierung, 8 H. 10. Dass., röthlich, 11 H. 11. Rohes Gefäss, 13,5 H. 12. Roher Becher, 8 H. 13. Schwarze Schale, 11 Dm., mit kleinen Ringen v. Br. 14. Knöchelring von Eisen, 12 L., vom Urnenfeld. 15. Gürtelblechfragment, Br., 6 H., Grabhügel von Bödingen. 16. Dass., 13 H., Grabhügel von Malterdingen. 17. Thonurne, mit rothgelben und braunrothen Streifen bemalt, 13 H., 21 Dm., Grabhügel von Honstetten. 18. Dass., von ebendaher, Thonfarbe; 24 H., 34 Dm. 19—21. Thonurnenfragmente, roth und schwarz bemalt, v. Grabhügel beim Gemeinmärker Hof

Tafel III.

1—7. Funde von Buchheim; grosser Grabhügel: 1. Thonurne, rothgelb, roth und schwarz verziert, mit schwarzem Rand, 10,5 H. 2. Thonschale, grau, innen schwarze Zierlinien, 15,5 Dm. 3. Dass., graphitschwarz, 15,7 Dm. 4. Bronzeknöpfe, a. 3 Dm., b. 2,7 Dm., c. 2 Dm. 5. Griff (?) von Elfenbein, 4,1 L. 6. Bronzefragment, 9 Dm. 7. Speerspitze v. Eisen, 40 L. Kleiner Grabhügel: 8. Thonurne mit schwarz und rothem Mäander, 10,5 H. 9—20. 32. Grabhügelfunde von Gündlingen: 9. Thonurne mit trichterf. Mündung, thonfarbig, 19 H. 10. Dass. klein, graphitschwarz, 7,8 H. 11. Rother Napf mit Resten von einem Henkel, 11 H. 12. Trinkschale, graphitschwarz, 12,7 Dm. 13. Dass., mit Henkel, 10,6 Dm. 14. Graphitschwarze Urne, 24,5 H. 15. Schwarze Thonschüssel, 30 Dm. 16. Dass., 28 Dm. des Randes. 17. Rundliches Gefäss mit schwarz und rothem Schachbrettmuster, 13,5 H. 18. Fragmente eines thonbraunen Gefässes, 17 L. 19. Thonschüssel, mit schwarzen Streifen auf roth, 21 Dm. 20. Bronzenadel, 18 L. 21. Fragment eines Bronzekessels aus d. Grabhügel v. Salem, 35 Dm. 22—30. Funde aus dem Urnenfeld von Oftersheim. 22. Grosse Thonurne, 52 H. 23. Thonschüssel (war über die Mündung von 22 gestülpt), 38 Dm. 24. Grauer Thonbecher, 9 H. (in der Stellung 24a gefunden). 25. Niedere Urne, graphitschwarz und verziert, 26 Dm. 26. Verziertes Thontellerchen, braun, 10 Dm. 27. Thonschüsselchen, 15 Dm. 28. Thonbecher, graphitschwarz, 7,7 H. 29. Rohes Randfragment von einem grossen Gefäss. 30. Messer v. Br., 17,5 L. 31. Graues Thongefäss mit Verzierung, 22 H., Grabhügel v. Gemmingen (31a. Feuersteinwerkzeug von da, 6,2 L.). 32. Thonscheibe mit Fingereindrücken, Gündlingen.

[1]) Br. = Bronze; L. = Länge; H. = Höhe, Dm. = Durchmesser; Masszahlen bedeuten Centimeter.

Tafel IV.

1–19. Funde aus dem Urnenfriedhofe von Huttenheim: **1.** Grosses rohes Thongefäss, 44 H. **2.** Dass., 34 H. **3.** Dass., grau, 38 H. **4.** Flache Thonschüssel, verziert, 27 Dm. **5.** Thonbecher, braun, 5 H. **6.** Thonscherben, braun, 12,5 Dm. **7.** Thonbecher, grau, verziert, 7,5 H. **8.** Roher Thonbecher, 11 H. **9.** Dass. mit Henkel, 7,5 H. **10.** Napf, thonfarbig, 7 H. **11.** Dass., 8 H. **12.** Thonbecher, grau, 6,5 H. **13.** Urne, thonbraun, 19 H. **14.** Thongefäss mit 2 Henkeln, grau, 19 H. **15.** Dass., 11,5 H. **16.** Spielzeug (Vogelleib?), v. Thon, 7,5 L. **17.** Bronzenadel, 10 L. **18.** Spiralarmband v. Br., 6,4 Dm. **19.** Armring v. Br., 6,2 Dm. **20.** Urne, thonfarbig, 16,6 H., aus einem Grabhügel v. Huttenheim. **21.** Fragmente von einem Wagenrade, 52 Dm., Heiligenbuckel b. Hügelsheim. **22. 23.** Bruchstücke von Thongefässen, Grabhügel b. Hügelsheim. **24.** Thonschüssel von da, 21 Dm. **25.** Thonbecher von da, 7,4 H. **26.** Beschlägstück v. Br., 7,7 L., aus dem Heiligenbuckel. **27.** Schlangenfibel v. Br., 11 L., Grabhügel von Hügelsheim. **28.** Bernsteinperle, 2,5 Dm., von da. **29.** Armband von Gold, 7,3 Dm., von da.

Tafel V.

1–7. Funde aus einem Grabhügel bei Hügelsheim: **1.** Armband v. Br., oben 6,7 breit. **2.** Dass., 7 Dm. **3.** Dass. von Lignit, 4,8 breit. **4.** Bärenzähne. **5.** Kleiner Bronzering, 2,8 Dm. **6.** Durchlochter, serpentinartiger Stein, 5,8 L. **7.** Bronzemeisel, 6 L. **8.** Halsring v. Br. mit 3 Schlangen im Relief, 13,5 Dm. Grabhügel von Huttenheim. **9.** Fibel v. Br., 5 L., von da. **10.** Fibel v. Br., 6,5 L., badischer Fundort. **11–19.** Bronzen vom Grabhügel bei d. Gemeinmärker Hof. **11–14.** Paukenförmige Fibeln. **15.** Fibel mit Korallenknöpfchen, 3 L. **16.** Nadel, 8,5 L. **17.** Nadel mit Korallenknopf. **18.** Nähnadel. **19.** Ohrringe, 2 Dm.

Tafel VI.

1–10. Bronzefunde von Ihringen: **1. 2.** Randstück und Bogenhenkel eines Eimers. **3.** Bruchstücke eines Bogenhenkels mit Oesen, 16 Dm. **4.** Halsring, 15 Dm. **5–8.** Armringe. **9.** Fibula, 4,8 L. **10.** Fragmente von einem Bronzekessel. **11–16.** Fundstücke aus dem Grabhügel von Kappel a. Rh: **11.** Fragment von der Nabe eines Rads, v. Eisen, mit Bronzeeinlage. **12.** Fragment eines eisernen Radreifs, 4,2 breit. **12a.** Dass. mit durchgehendem Eisennagel. **13–16.** Fragmente von Bronze, wahrscheinlich von einem Wagen. **17.** Eisendolch in eiserner Scheide (Griff mit Silber verziert), 35,4 L., Grabhügel von Salem. **18. 19.** Eisenspeere, 36 u. 31,5 L., Grabhügel bei d. Gemeinmärker Hof. **20.** Gürtelblech v. Br. mit Haken, 30,5 L., Grabhügel von Huttenheim.

Tafel VII.

Bemaltes Thongefäss aus dem grossen Grabhügel von Buchheim; 23 H., 17,5 Dm. des Randes. Ornament um die Wölbung in 7 quadratischen Feldern: 1) Feld in 4 Quadrate getheilt (Mitte auf Taf. VII.); nach rechts weiter: 2) Eintheilung in Dreiecke durch Diagonalbänder; 3) Feld wie 1), rother oben nur 4 kleine Kreise, 4) Zickzackbandverzierung, schwarz oben; 5) Feld wie 1); 6) Feld wie 2), wo dort roth, hier schwarz, und umgekehrt; 7) Feld wie 4), roth oben (auf Taf. VII. links v. Mittelfeld).

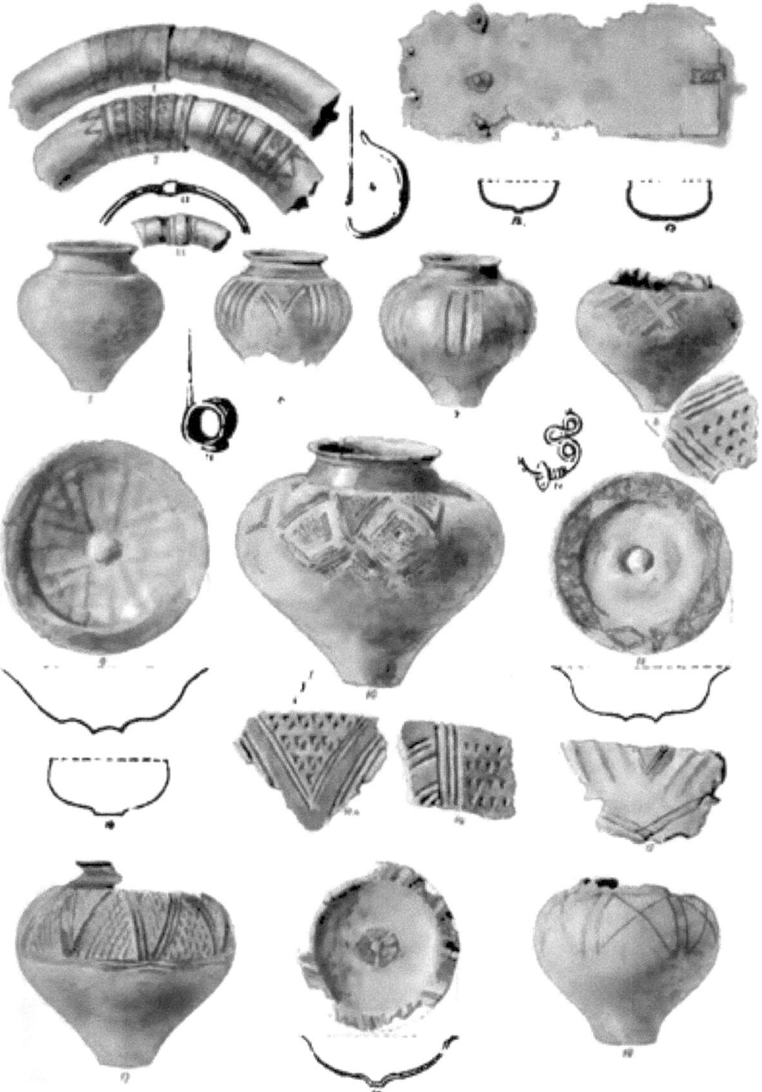

II.

II.

IV.

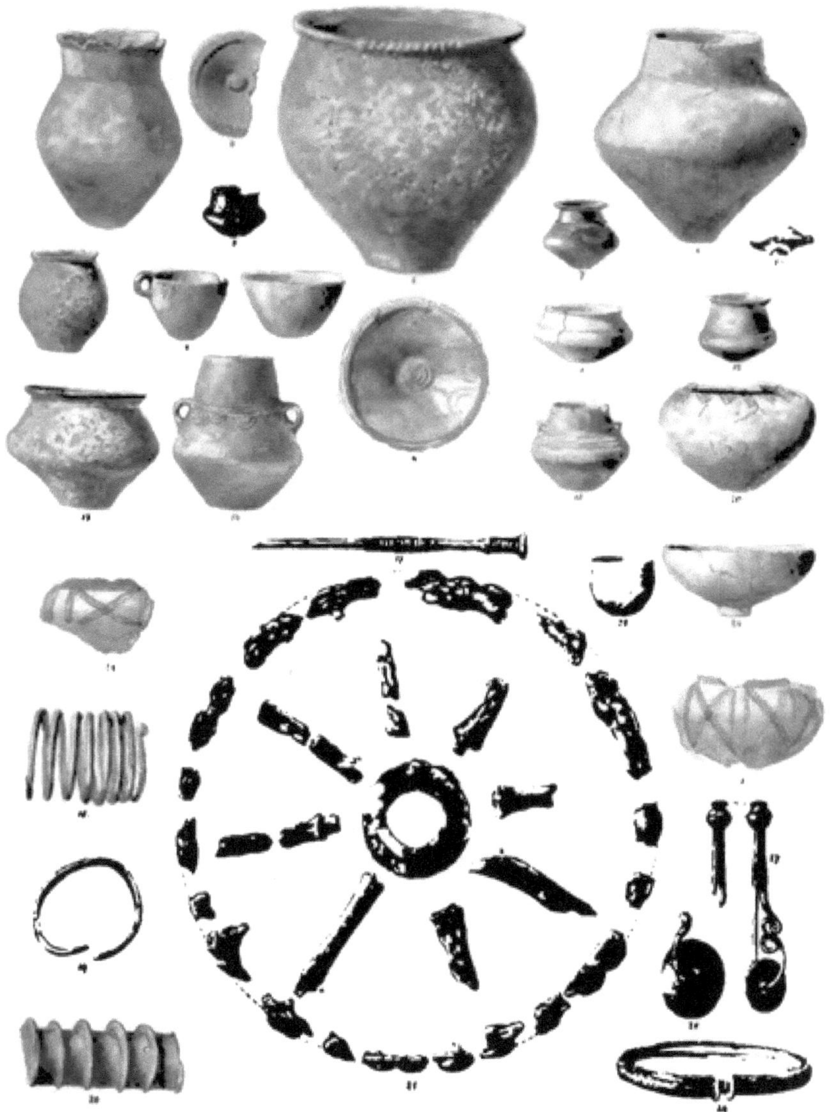

V

VI.

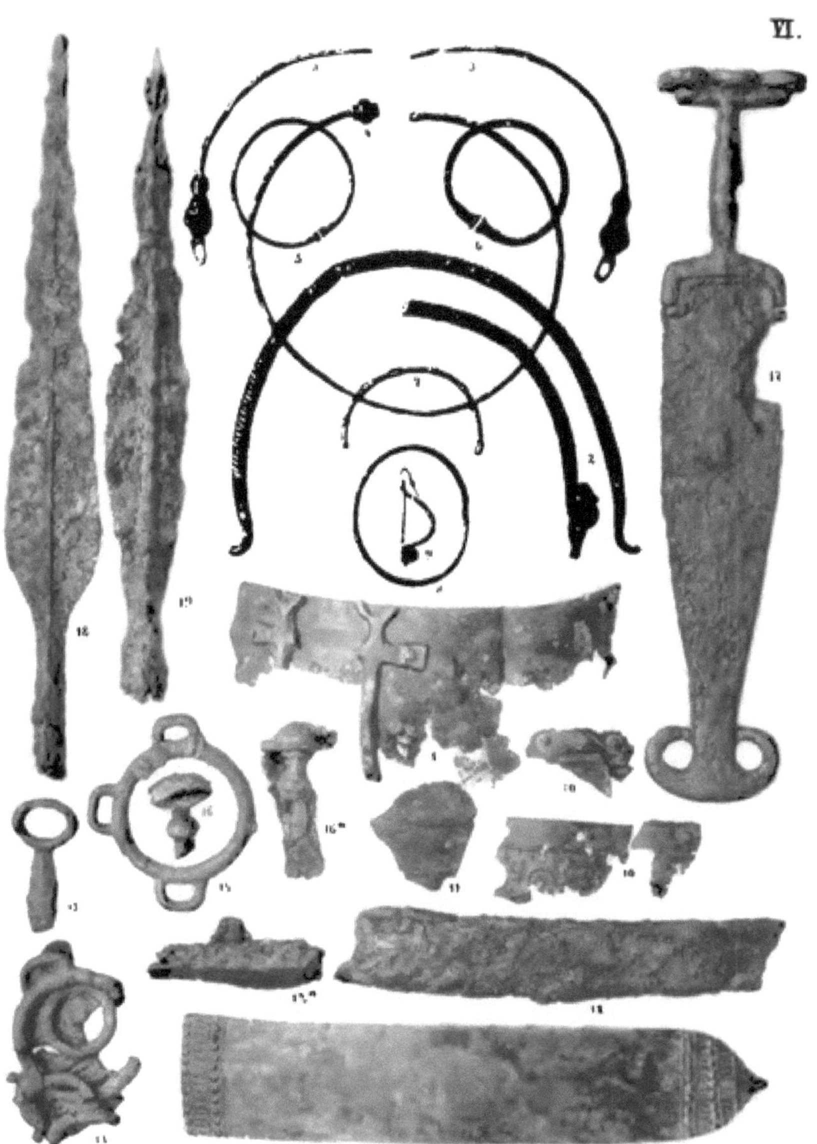